洋風書斎。椅子のうしろの書棚にみえる百冊の本。
いつもは閉じられていて、本は見えない

撮影＝ムトー清次（樹木希林宅）

これで百冊ある。右下にまとまって長谷川四郎の本が

孫娘、伽羅からもらった希林68歳の
バースデイカードをコラージュにした

ミスマッチの美。ハイテクなキッチンに、フランス王朝風の鏡。
神殿のような雰囲気が

和風の書斎。ふすま絵は、希林の友人、木村英輝が描いた。
タイトルは、Lotus Revives 輪廻する蓮

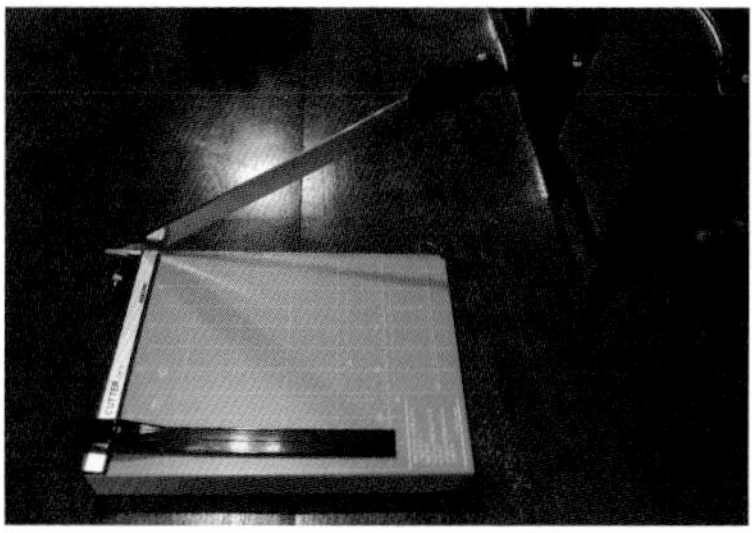

気に入った記事を切り抜きする時に
使用したカメラマン用のカッター

サインをする希林。お気に入りの和服を仕立て直してチュニック風に

心機の雑記帳。几帳面に、切り抜きと写真が貼られている。
数ある中の４冊だけをお借りした

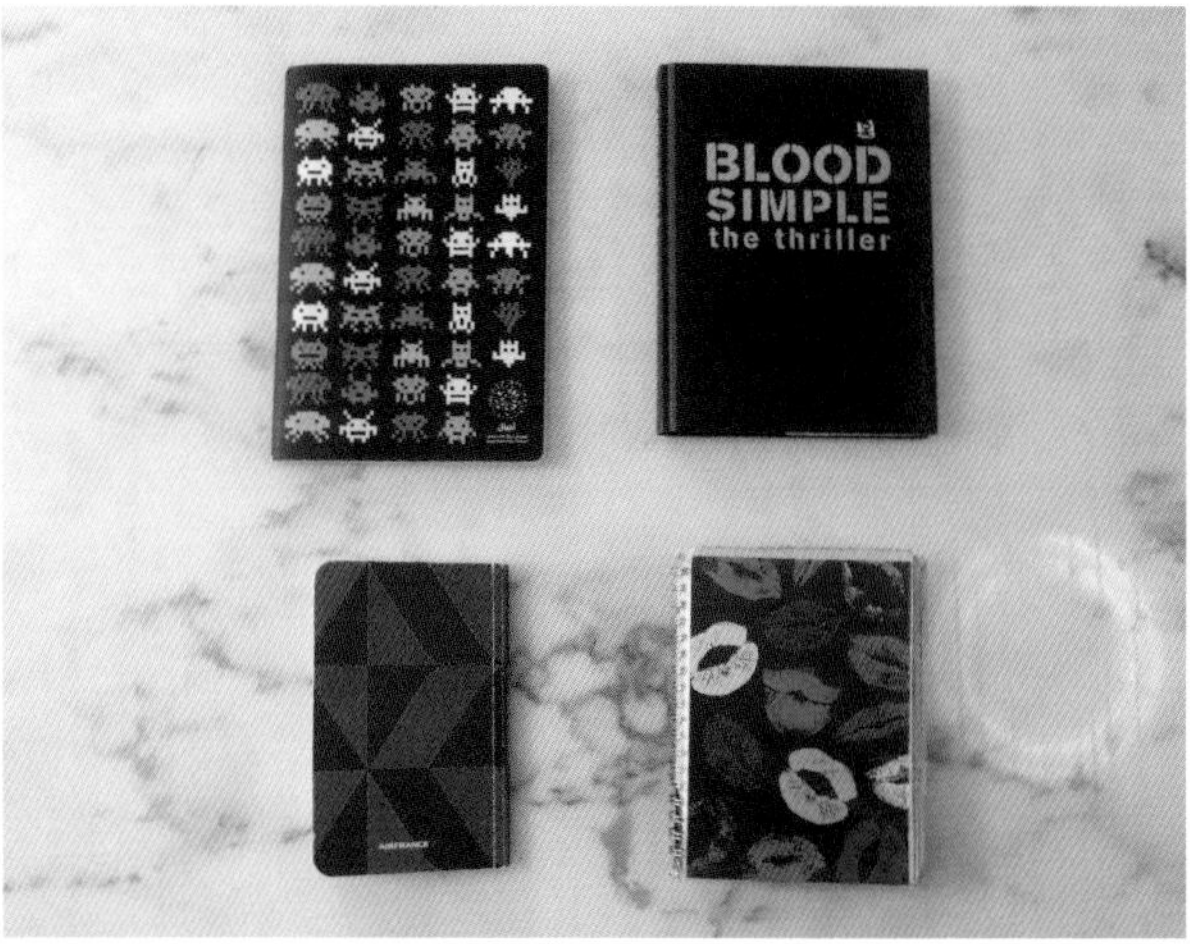

たまたま手元にあったノートを
ランダムに使用している

玄兎クンのお食い初め式。祖父、裕也さんもかけつけて。
うしろの屏風は蕭白の「群仙図屏風」（六曲一双）の左隻（複製）

玄兎クン９歳時の画「無題」。
彼の年齢を知らない人は、大人
の絵でしょう、という

希林が37年間にわたって通い続けた京都・何必《かひつ》館の「太子樹下禅那之図」。
洋風書斎の壁に複製が……

村上華岳「太子樹下禅那之図」（複製）1938年　何必館・京都現代美術館蔵

希林級決定版〝心機〟の雑記帳も
樹木希林のコトバと心をみがいた98冊の保存本

希林のコトダマ

椎根和 著

まえがき

椎根 和

十数年前、樹木希林とこんな会話をした。本というのは、雑誌を含めて、溜りだすとすぐ大繁殖して家のなかを汚す。自分の家は、いつも整理整頓、余分なものはなにも置かない、絵も写真も飾らない主義の希林さんに、本をどういう具合にしているのか、とたずねた。答えは簡単だった。

「百冊以上は、家に置かないの。あたらしく気に入った本、手元に置きたくなった一冊がでてきたら、百冊のなかの一冊を、人にあげてしまうの。だから、いつも百冊」という返事だった。ジャンル関係なく、自分の気に入った本しか読まない、大読書家で大女優のシンプルな考え方による蔵書システム。

その残された百冊のうち98冊を読んでみて、18歳の頃から亡くなるまでの57年間に、希林が手元に保存した本たちは、ひとつの赤い線で、つながっていた。

簡単にいえば、希林が、「ことだま（言霊）」を感じた本しか保存しなかったということ。コトダマとは、ことばに宿っている不思議な霊感を感ずること。日本人は、大昔からそう信じていた。昔の人は、ことばの霊妙な働きによって幸福がやってくる、とも考えていた。なにか文章を頼まれると、希林は、「神《かん》さびの梅」などと、コトダマをこめた新語を考えだした。

また「コトダマ」と同じように古いコトバに「コトワケ（言別け）」というのがある。コトワケというのは、自分が最初に発したコトバではないが、その場に居合わせた自分が、あるコトバに反応して、その言葉に格好をつけて、セリフに命をふきこんで、コトバを長生きさせること。たとえば、希林の有名な、「死ぬときぐらい、好きにさせてよ」。これはある企業の宣伝文だが、その制作現場にいた誰かが言ったことを、希林が、コトバを改めて、コトワケして、定着させた。フジカラーのCM「そうでない人は、それなりに……」も、希林の「コトワケ」で誕生した。

もうひとつ、「ココロの働き」、漢字では「心機一転」の心機だが、希林は、人生の大事な所々で、その「心機＝ココロが働く」をもたらしたコトバをつかまえた。

希林が、文学座で女優のタマゴだった頃、当時の新劇界はヨーロッパの不条理風前衛劇が流行していた。ブレヒトの寓話的な言葉を、ブレヒト劇の翻訳家、長谷川四郎の本から記憶した。その不条理感覚は、舞台女優をすてて、TVタレントになってからの活動に、大きく生かされた。フジカラーの最初のCM、社長と希林の二人だけのもの。ベケット劇「ゴドーを待ちながら」風だった。希林の代表作「ムー」では、女中（ドラマでは家政婦）を演じながら、主役以上になってしまう演技をした。これは長谷川の文章に、「オランダの女中がデカルトの子供を生んだごとくにである。女中はそういう力を持っているのだ」とあって、その部分には、希林の赤線が引いてあった。百冊の残りの二冊は、「竹取物語」を材に、文学座の演出家、加藤道夫が、〝独断と空想〟で書いた戯曲『なよたけ』。そして、『鏝絵《こてえ》放浪記』（藤田洋三著）は、家を新築するときに、どこかを鏝絵で飾りたい、と思ったことがあったからだろう。「三浦大介義明とその一族」は、希林が自分のルーツ探しの資料本として残した、と思う。

目次

【凡例】

◎本文中の「希林の雑記帳より」は、樹木希林さんが残した雑記帳4冊と原稿用紙の中から、著書が厳選した箇所を掲載しました。

◎書影は、樹木希林さんの残した蔵書を撮影して掲載しました。そのため現在、絶版、あるいは他社にて復刊した本もあります。

『宿《しゅく》福《ふく》の梅ばなし』

乗松 祥子

草思社

この本の表紙についている帯には、希林の書いたコピーが載っている。

「たかが　梅のはなしと　思うでしょうが、人間の手で　地球が　変形して　きている今一家に一冊、おいてみては　どうでしょう。樹木希林」とある。

著者の乗松祥子《さちこ》さんの梅ばなしは、以前、彼女が勤務していた銀座の茶懐石料理店「辻留《つじとめ》」で、百年前につけこんだ梅干しを貰った時からはじまった。それ以来、40年、梅の古木探訪、梅の品種の考察、梅干しづくり、梅肉エキス、梅ジュース、梅酒づくりに精をだしてきた。

梅は、日本人にとって、日本の風土と切っても切れない関係があった。百年前の果実が、百年後にも、おいしい、といって食べられる食品は、世界中をさがしてもない。なおかつ、健康維持にも、大きなパワーを持っている。

表紙の見返しに、希林の〝梅賛歌〟がある。タイトルは「宿福《しゅくふく》の梅笑い」。全文を載せる。

「六月の梅の実は収穫をひかえて雨を待つ。梅の実が熟す頃に降る雨だから梅雨というのか。母親の腹の中で最後の仕上げを待つ子のように、まだこわばっている梅には、一度、二度、

三度ばかりの雨が要《い》る。それもしとしとではなく大量の雨をダブダブと享《う》けてこそ梅はさらにフクフクと大きくふくらむ。『ほっといてちょうだい、わたしは育ちます』と言わんばかりに。同じ時、乗松さんも梅の実のように頭からずぶずぶと雨に濡れ、梅林を歩きまわる。そしてある朝、和毛《にこげ》を光らせてひときわ大きくなった梅と逢う。ふっふっと笑いがこぼれそうに喜んでいる梅にむかって乗松さんもほっほっと笑う。からだいっぱいに福を宿した梅と感応《かんのう》する姿はまことに結構。宿福の梅笑い、とでもいおうか。力のある梅を残そうと我が子のように慈《いつく》しみ、そして梅に癒《いや》されている乗松さんは何て別嬪《べっぴん》さんなんだろう」。

芝居の基は「人の気持ち」といった森繁久彌の言葉があるが、乗松さんの場合は「梅の気持ち」を大事にしたのだろう。森繁の一番弟子みたいな希林は、そこを含めて、乗松さんの梅干しづくりを、見事な芸事をみるように、彼女の神事のような手間隙《てまひま》を観察したのだろう。その観察は、これは推測だが、映画「歩いても　歩いても」の炊事シーン、「あん」の餡《あん》作りの名人なみの手際のよさとなって、つまり名演技となった。

　横浜の磯子区杉田にある樹齢500年といわれる梅の古木がある。そこへ乗松さんは、希林をさそって、その三分咲きを観に行く。その時、ふたりを襲ったのは、透明感のある香りの一陣。その香りを乗松さんは、「いままで聞いたこともなかったものだなあ！」と表現した。希林は、「神《かん》さび梅」というコトバを口にした、という。この本の最後のあとがきの前に短冊ぐらいの紙が一枚はさみこまれていた。

　そこには、希林の文字で、「神《かん》さびの梅　神さびた梅　古びて　光々　神々しい様」とあった。希林も、一本の梅の古木から深甚な神事のようなものを受けとって、もう一度、そう書いて、心に仕舞った。それは梅の古木からのコトダマでもあった。

言霊《ことだま》　ことばに宿ると信じられていた神秘的な霊力。言霊の幸《さき》わう國。ことばの霊力が幸福をもたらす國。日本のこと

B5　　20×10

希林の雑記帳より

神《かん》さびの梅

神さびた梅

古びて 老々

神々しい様

折口信夫《しのぶ》が言う

古代の日本人が仏教という寛容な人類教を知ったことは1つの幸であった しかし、その為に日本人はついに自分達固有の神を心底から苦しんで生み深める営みを怠ってしまった 残念だ。

生まれる前に授かるのは役目 役目があって
過去世の肉体を当てはめる。
役目と肉体のバランスがとれれば最高。
役目が気に入って果たせ果たせとエンジンかければ
器に対しエネルギーが大きすぎて物事が成らない。

『梅原猛の授業 仏教』

梅原 猛

朝日新聞社

〝いい授業〟、いい本である。普通の人には曖《あい》昧《まい》模《も》糊《こ》とした日本の仏教の歴史が、すっきりと判る本である。希林が02年に買って以来、ずっと保存版になっていたことが理解できる。05年に、がん発言した時から、いつも念頭にあった、自分の終末をどうむかえるか、という問題……。

いまから、4、5年前のある夜、希林から電話がかかってきて、いきなり、スイスの安楽死させてくれる病院を知ってる？ といわれた。筆者（椎根）は、なんとなくその存在を知っていた。マイケル・ジャクソンは、皮膚を白くするために、スイスの病院で、血液全とっかえ治療をやっていたことも知っていた。金さえだせば、なんでもやってくれる高額な病院が、スイスには存在すると……。

希林は、続けて、こんどＮＨＫの依頼で、スイスの安楽死をさせてくれる病院を、視察しに行くの。一週間ぐらい、という。筆者は、見てくるだけならいいんじゃないですか、といった。

その後、希林からは、安楽死病院の話はいっさい、なかった。

19年の6月、NHKスペシャル「彼女は安楽死を選んだ」が放映され、話題をよんだ。筆者は、希林に、ことわられたので、他の人にやってもらったんだ、と思い、そのドキュメンタリーは観なかった。

安楽死を拒絶した希林が選んだのは、仏教の考え方による、自宅で、家族にかこまれて死に様をみせて、終末をむかえるカタチだった。

梅原は、本書で明解に説明している。釈迦の思想は、「人生には生老病死《しょうろうびょうし》の苦がある。生まれる苦しみ、年を取る苦しみ、病気の苦しみ、死ぬ苦しみのことをいいます」と。

希林は、自分の「雑記帳」に、この生老病死という4文字を書きとめていた。梅原は、さらに、「釈迦の思想をひとことで言えば四諦《したい》、四つの諦《あきら》めということになります。（略）仏教では諦とは深い真理を意味します。四諦とは苦諦《くたい》、集諦《じったい》、滅諦《めったい》、道諦《どうたい》のことをいいます。（略）まず苦諦とは、人生は苦であると悟ることです」と。

集諦とは、欲望が原因となって苦を生むと悟ること。

滅諦とは、愛欲を滅ぼすことを悟ること。その愛欲をコントロールする。

道諦とは、愛欲をコントロールするには、一つは戒律《かいりつ》を守る。規則を守る。それを戒《かい》という。もうひとつは、定《じょう》。それは精神を集中すること、と。

梅原は、「四諦の思想というのは、ある意味での実践哲学です」と。

ツナグによせて

昔は時間をかけて想いを
通じさせる。今はメールでも
何でもすぐだから感覚が
にぶくなってきている
想念の扉を開く時は今
天が下知る 3、11‥

日本は火山の国だもの 北から
南までゆれます。その中で
安心なんて地はありません
原発は日本の国には無くて
いいものでした‥‥‥。

希林の雑記帳より

3月11日 思いもかけぬ災禍が日本を
襲った この火山列島に住みついた
われわれの祖先が 幾たびとなく繰り
返してきたであろう 忍従と祈りの心を
また身の情念を ふりしぼって 歌わなけれ
ばならぬ 運命に 逢遭したのである

人間が人智によって生み出した 新しい力も
巨大な天災に遭えば一挙に崩れ
更に今まで 自然界に 無かった
禍々しい人災を 生み出すことを 体験
した我々は 古代人よりも より深く 力ある
心と ことばを ふりしぼって 祈りの歌を
うたうべき時に たち到っている

日本人は もっと執ねく 怒れとぞ 思ひ
八月の庭に 立ちゐる 終戦記念日か

山本健吉―娘 石橋安見

ニニギの命 は 神阿多都比売と結婚
木花佐久夜比売

壽《ことほぎ》の詞《ことば》

めでたき　めでたき佳《よ》き日なり

平成七年七月七日

本木昭家　次男　雅弘

内田諾也家娘　世哉子の結婚の祝なり

荒れ狂いし悪世末法に生を享け

世の癒《いや》しとなるべく共々にその身幸《さき》くあれ

その心浄《きよ》くあれ　かくて神の賜物として

B5　　20×10

希林の雑記帳より

ふさわしくあれとの希《ねが》い皆において
夫婦となりたもう

夫たるもの、美によって神に到達する道
卑《ひ》と賤《せん》の世界を壁に掲纏なすべく
藝能者の道をきわむべし

妻なるもの器には従いながら巌《いわ》かねも通す
は水の力なりけり〃の言《こと》の葉《は》身に享《う》けたまえ

めでたき佳き日なり
有難き佳き日なり

B5　20×10

その時の気持です
あちこちの言葉を集めてまとめました
妹の荒井姿水が琵琶で弾き語りしてくれました。

20×10

『洟をたらした神』

吉野せい

彌生書房

昭和50年頃、大量消費というプチ贅沢感をもたらした高度経済成長も小休止し、オイルショックという最初のグローバル化の荒波をかぶった日本で、〝貧乏百姓たちの生活の真実のみ〟を綴った『洟をたらした神』が大ベストセラーになった。

作者は福島県の農民詩人の妻、吉野せい。山肌を夫とふたりで、クワとスキと手だけで開墾し、畑をつくり、自給自足的な生活をしながら、6人の子どもを育てた、血と汗と涙の50有余年の〝書きたいものを書く〟という覚悟で、この本が奇跡的に出版された。その生活は、食べるものがない日々、着るものも布団も満足にない、寒風がふきこむ掘立小屋の家、過重な税、貧困さから子どもが病気になっても医者を呼ぶことをためらい、死なせる。毎日の過酷な労働と農作業。東京では主婦たちがトイレットペーパーの奪いあいをしてるというのに、ここは900年前と同じような生活レベル。

この頃、希林は、世界一のカメラフィルム会社になったフジカラーのCMで、その独特なキャラクターとセリフで人気が急上昇中。

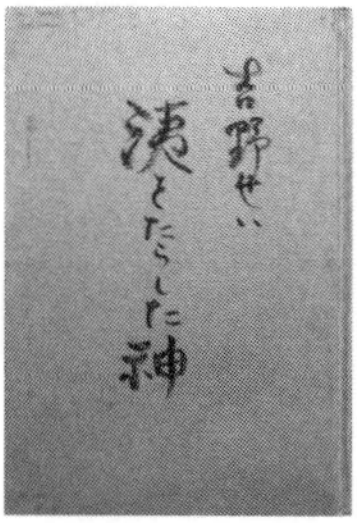

希林は、この本を手にして、自分とはまったくちがう生き方をしてきた吉野せいの16篇の物語に、神の啓示のような感動を受けとったのだろう。

最初にエンピツで強く傍線が引いてあったのは、行方不明になったニワトリが、21日後に11羽のひよこを連れて帰ってきた時、「一人の子を生むのにさえ人間はおおぎょうにふるまいますが、一羽のこの地鶏は何もかもひとりでかくれて、飢えも疲れも睡む気も忘れて長い三週間の努力をこっそり行なったのです。自然といいきれば実《み》もふたもありませんが、こんなふうに誰にも気づかれなくともひっそりと、然も見事ないのちを生み出しているようなことを、私たちも何かで仕遂げることが出来たら、春は、いいえ人間の春はもっと楽しく美しい強いもので一ぱいに充たされていくような気がするのです」。

也哉子の受胎がわかった時期かもしれない。この描写から、希林は、ひっそりと也哉子を産む勇気を得た、と考えてもいい。希林は雑記帳に、この文を書きうつした。

また、なにもない子どもたちは、自分で工夫しておもちゃをつくりだす。そこにも傍線。
「土台おもちゃは楽しいものでなければならない筈だから。大量生産されたものには、整った造型の美、研究された運動の統一した安定があるだろうが、この幼い子の手から生まれたものには、無からはじめた粗野があり、危なっかしい不完全があっても、確かな個性が伴う」。

希林も、生まれ出た娘、也哉子に、いっさい市販のおもちゃを買い与えなかった。だから、あれほど見事な個性を持つ娘に育った。

せいの夫、吉野義也の詩。その希林の傍線があった一行。
「なげくな　たかぶるな　ふそくがたりするな」。呪文のようなこの句は、希林の言葉のように読める。希林は、泣いただろう。泣かせられただろう。そして、そう生きた。

老いてなを艶というべきものありや
花は始めも終りもよろし
斎藤史

20×10

なげくな　たかぶるな　ふそくがたりする
な――　なまなましいくりごとは、
唇を縫いつけて恥一ぱいでかき消そう
吉野せい

希林の雑記帳より

おばあちゃんの目

「この鉛筆もうちびたけ使えん」

「粗末にしたら目がつぶれるヨ」

「何で目がつぶれると？」

「何にでも命があると。この鉛筆も
もとは木やろ、切られんかったらどんだけ
大きい木になったやろネ　けど鉛筆になって
くれたおかげで字も絵もかけるね，
目がつぶれるいうんは、何でも粗末に
しよったら命が見えんくなるっちこと．
命が見えんっちことは本当の
ことがみえんくなるっちことよ．
何でも粗末にしよったら
自分も粗末になるっちことよ」

命を見る目を育てる
おかげさまの心を育てる

『石橋秀野の一〇〇句を読む』

――俳句と生涯――

山本 安見子 著
宇多 喜代子 監修

飯塚書店

著者、山本安見子《やすみこ》は、父、山本健吉（文芸評論家）、母、石橋秀野（俳人）の一人娘として42年に生まれた。秀野は、俳人としてその将来を嘱望されたが、終戦直後の混乱、食糧難、住宅難、就職難のため、昭和22年に肺結核で亡くなった。

秀野は、学者肌の夫と、幼い安見子をかかえて、疎開ですべての着物を食料にかえ、東京→島根→京都と引っ越したが、その時期は、日本人全員が、生きるのが精一杯という有様だった。なれぬ土地での生活は小柄な秀野の体をむしばんだ。最後の入院の際、家を出て、担送車に乗った時、娘、安見子が追いすがった姿を、句帖に、青鉛筆で書き残した最後の句。

蟬時雨《せみしぐれ》子は担送車に追ひつけず

父、山本健吉は、昭和24年に、二度目の妻（静枝）をむかえる。安見子は、あとがきにこう記した。

「私には生母秀野の記憶は九十九パーセントない。だから母と言えば静枝の事である」。

希林所有のこの本には、7枚のメモ紙（全て城山観光ホテルの名入り）が、はさみ残されてい

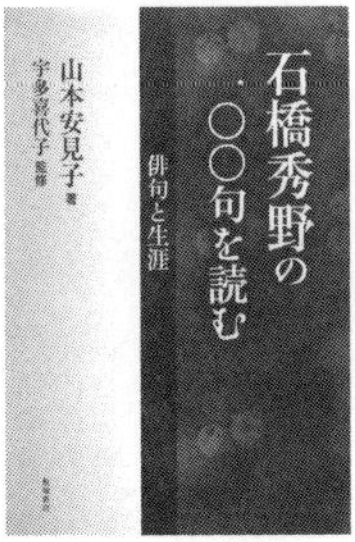

た。鹿児島のレントゲン治療所に通っていた時期。ホテルで一人、この本を読んでいた。

メモ紙の一枚に、希林自筆で、秀野の句「青嵐いづこに棲むもひもじけれ」の句を書きだし、次に希林の感想「平和なんて胃袋からしか生まれない。ラーメン風だし作る　3月4日衣裳　黒留袖　首の白さがす　頭は、そのまま」とある。

安見子の解説は、「昭和二十一年作。戦争が終わったからと言って、食糧事情がすぐによくなったわけではない。ほとんどの国民はひもじさを抱え、生きるのに必死であった。何でもいいから、腹いっぱいになるまで食べる、これがすなわち御馳走であり、贅沢なことであった。『平和なんて胃袋からしか生まれない』は、秀野の実感である」。

希林は、メモ紙に、秀野の五句を書きだしていた。「火のような月の出花火打ち終る」、「遠花火とりすがれるは冬布団」、「しまい花火窓流行歌ぶちまけて」、「西日照りいのち無惨にありにけり」、「梳《くしけず》る必死の指に梅雨晴間」。いずれも死に近づいて行く昭和22年作ばかり。

メモ紙のなかに、秀野ではなく、誰の句かわからないのもあった。「紫陽花《あじさい》や昨日の誠今日の嘘」。つづけて「―だよなーわかるなあー馬鹿言ってんじゃないよースタッフ細胞は…全くこの子は、だから、海よりもまだ深く、誰に似たの、お父さん、そっくり」と。

希林が7枚の、すこし取り乱したメモを残したのは死の2年前、治療旅の鹿児島のホテル。是枝裕和監督「海よりもまだ深く」に出演中。医師に決定的な宣告をつげられたのか。その希林生涯一度の心のみだれが、メモの一枚に。「いいとは言わないけど、持って生まれちゃったんだよ　家族って　やだなぁ　縁切り、たーい」。映画のストーリーのコトと思いたい。

『大遺言書』

語り　森繁 久彌　文　久世 光彦

新潮社

人のやることを、ジッと見るのが、観察するのが大好きだった希林。その延長線上に、演技があった。

この本は、文化勲章まで貰った俳優、森繁久彌の一代記を、テレビ・ドラマの名ディレクター久世光彦が、聞き書きしたものだ。森繁も軽妙洒脱、22歳下の久世も、細かい下世話に通じた才人。まことに粋で含蓄をふくんだ話になっている。もちろん森繁と久世だからエロっぽい話も、シレっととりこまれている。

久世は、森繁の魅力は、明治時代の文語体（漢語を含む）を、時々メリハリをつけるために使うところにある、と記す。それに「洒落に地口《じぐち》にアイロニー」がまぶされているから、森繁の言葉はスタイリッシュでスマートで、それでいて、人生の哀愁を感じさせた。地口とは、〝着た（舌）切り雀〟といった言葉のシャレ。アイロニーは、皮肉。

希林が、森繁が主役の「七人の孫」に出演したのは、21歳の時。久世は「千帆（樹木希林）さんが、森繁さんから得たものは大きかったと思う。森繁さんの芝居の基である〈人の気持

ち〉を、いちばん体で受け止めたのは、この人である。(略)希林さんの芝居の奇妙な発想や、不思議な間《ま》は、森繁さん直伝のものではないかと思うことがある」。

森繁の希林評。「長いこと役者をやっていると、因果なもので、人さまの衣裳や、人さまの癖や、それに人生まで盗む習慣ができてしまいます。(略)自分の体験なんて貧しいものです。となると、人さまから盗むしかない。希林さんのソックスとおなじです。あの人の芝居を見ていると、よく人を見ているなと思います。たぶん普段から、上目《うわめ》づかいに人さまを盗み見しているんでしょうねえ」。希林はドラマ出演時、ソックス、エプロンなど全部自前。

森繁のいう、〝人さまの人生まで盗む〟というのは、希林と夫・裕也のことを指しているのではないが、森繁の芸談は、希林・裕也の奇妙な夫婦関係の芯を言いあてている。

世間では、週刊誌の報道では、いつも希林が被害者、裕也が加害者という役まわりになっていたが、森繁の「人さまの人生を盗む」芸談に即していうと、希林は、〝裕也の人生を大きく盗んだ〟ともいえる。

それは希林も、重重わかっていて、「わたしにとって、裕也は人生の重しです」と常々言っていた。もしかしたら、裕也との45年間の結婚生活(実態がなかったとしても)は、希林の最高の芸だったかもしれない。それ故に希林は、死後に、これほどの喝采を受けている。

結婚時に、裕也の借金は数千円もあった。希林は、なんとか金をひねりだし、返済したことからはじまり、それ以来、毎月のお手当を45年間、文句もいわずに払い続けた。

希林所有のこの本の見返しには、「樹木希林様　平成十五年五月　久世光彦」とある。「ムー一族」打ち上げパーティー(79年)で、希林は、戦友久世の不倫をバクロし、絶交状態になっていたが、96年、久世演出のドラマに出演し、交遊が復活した。

『仏教の大意』

鈴木 大拙

法蔵館

〝全身がん〟を告白した次の年、平成26年に、希林は、この本を手に入れた。表紙にそう書いてあった。

著者の鈴木大拙は、序にこう記した。「この書は昭和二十一年四月二十三日と二十四日の両日にわたって、天皇皇后両陛下のために講演したものを基礎にして起稿したものである。（略）一般読者のためをも許らなくてはならぬ。増補した所以である」と。

敗戦の責任を痛切に感じていた、神道の責任者、昭和天皇は、仏教の大師に、その心がまえを聞いてみたかったに相違ない。

大拙はシンプルに説く。「それは吾等の世界は一つでなくて、二つの世界だということです。そうしてこの二つがそのままに一つだということです。二つの世界の一つは感性と知性の世界、今一つは霊性の世界です」。希林は、ここに最初に赤線を引いた。次の赤線は、「人生の不幸は、霊性的世界と感性的分別的世界とを二つの別別な世界で相互にきしりあう世界だと考えるところから出るのです」。

さらに「二つの世界の一つは、それで、分別と差別でできているのです。これは合理性で支配されます。今一つの世界は無分別と無差別の世界です。前者を感性的（或いは知性的）世界、後者を霊性的世界と申します。（略）しかし真実のところは、この差別または分別の世界は、無分別・無差別の世界で、徹底して穿貫（抜けてつながる―筆者註）せられている」と大拙は説く。続いて「そうして差別の世界が本当の意義を持って来るのは無差別の光明に照破せられるときなのです。これが会得せられるとき宗教的生活が始まるのです」と。

「人間はこの世に生れ出ると直ちに業そのものとして動くのです。（略）人間と業とは一つものだといった方が適切なのです。（略）人間は業そのもので、そうしてその事実に対する自覚を持っているところに苦しみがあるのです。この苦しみを持ち得、感じ得るのが人間の特権であります。そうしてこの特権の故に人間には自由があります。（略）業を業だとまともに見ればよいのです。（略）業にくくられているというときすでに業を離れているのです。これが霊性的直覚です」。

唐代の大禅匠の百丈懐海は、「不昧因果《ふまいいんが》」と言った。大拙はその意味を、「これは因果を昧《くら》まさずと読む。（略）因果を自分の外に見ないで自分と因果を一つものにします」。

さらに、「因果が来れば因果を迎え入れて心緒晏然《あんぜん》（心がやすらかになる―筆者註）です。死ぬ時に死にます、生まれるときに生まれます。生まれて喜ばず、死んで悲しまず、晏然としていきます。（略）それ故、何の理屈もいわずに、そのままに何もかもを受け入れていきます」。

以上の「　」のところに、全て希林の赤線が入っていた。

そして、本書の最後の頁に、希林の〝サトリ〟として、次の自作の句（短冊）を貼った。

「陽気に　坦々として　而も　己を売らないことを　と、わが魂の願ふことであった」。

長谷川四郎

日本の国民は蔭では軽く扱っている天皇を公式の場所では深く敬い日向では本心から尊敬している天皇を裏では軽く扱って来たのである　重いと同時に軽いので天皇のウエイトはプラス　マイナス　○だ　このゼロ地点で神が人になろうとも責任があるとかないとか言われようとも全然感動しない。もし、また世界に七不思議なるものがあるとすればその一つに天皇は入る資格が充分ある。

蒔いた種を刈るというが、蒔かなかった種を刈った奇跡の人が天皇であるらしい

「開戦を決定したのは内閣

終戦を決定したのは　わたし」と

20×10

B5　20×10

希林の雑記帳より

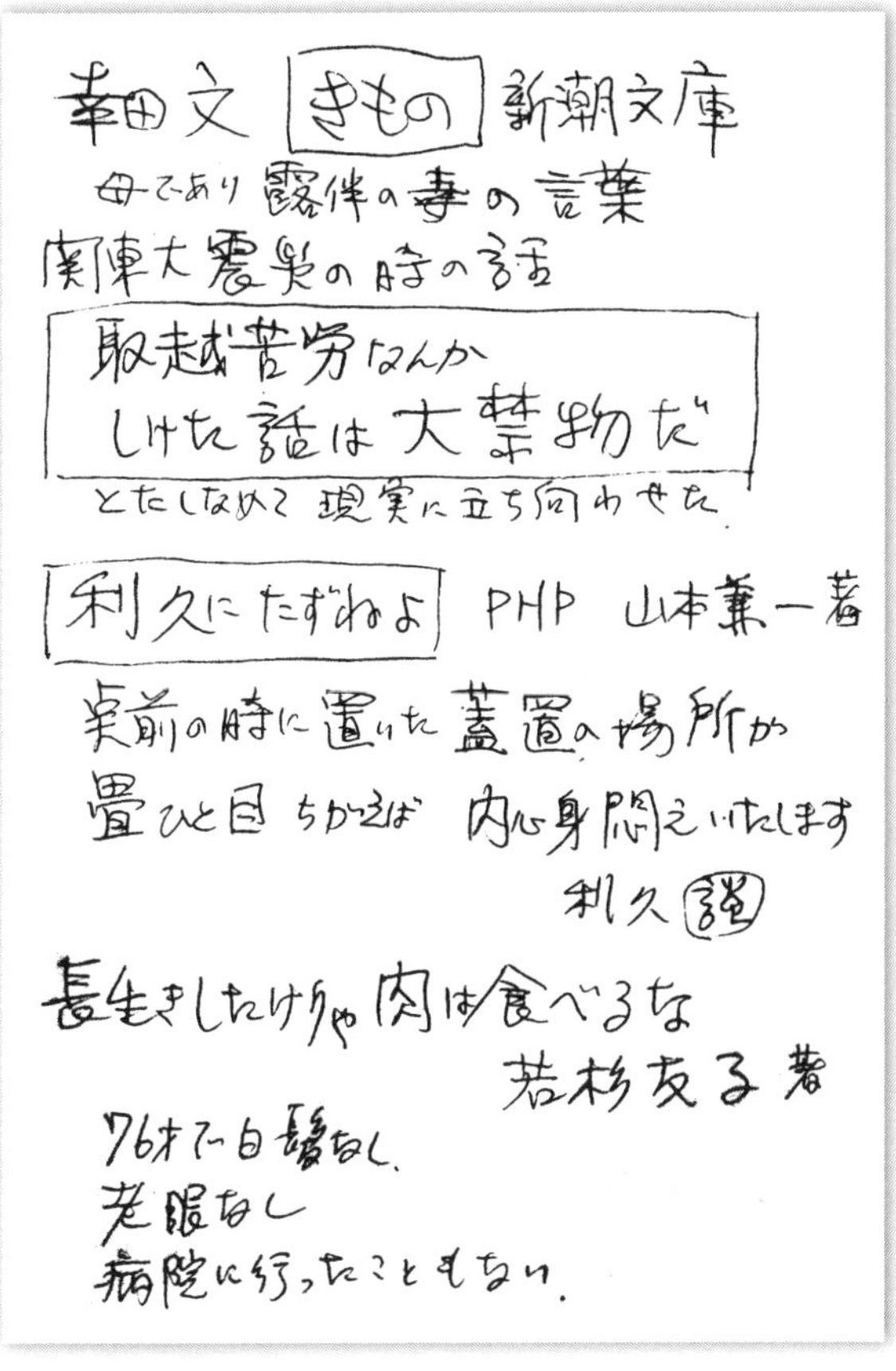
幸田文 きもの 新潮文庫
母であり露伴の妻の言葉
関東大震災の時の話
取越苦労なんか
しけた話は大禁物だ
とたしなめて現実に立ち向わせた

利久にたずねよ PHP 山本兼一著
点前の時に置いた蓋置の場所が
畳ひと目ちがえば 内心身悶えいたします
利久謹

長生きしたけりゃ肉は食べるな
若杉友子著
76才で白髪なし
老眼なし
病院に行ったこともない。

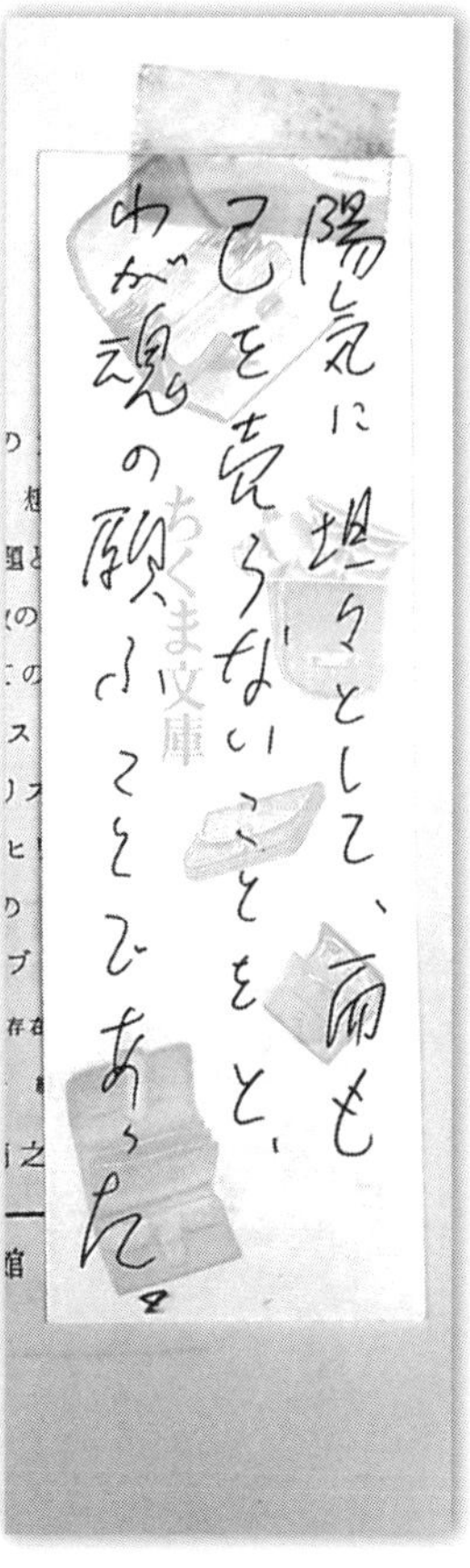

新劇の泡がロックで　その泡は何だ、
歌舞伎か、うまいことを言う
玉三郎さんと（[illegible]の）立ち話、
ねえ、僕さ、あんたとなら結婚してもいいと
思ったんだよ、
ふーん　だけど私、籍ぬけてないから重婚
になっちゃう。

B5

僕だってさ、湘南の海を、女の子と手をつ
ないで走りたいって思ったこともあるんだよ、
横浜の海に花火を見に行ったことがあったっけ

[illegible]いあり

20×10

希林の雑記帳より

美によって神に到達するこの道が、もっともやさしく望ましい。

虚飾なく、それでいて心を動かす何か一芸を、魅せるんではなく、心を込めて、自分を出すんではなく無念な魂を鎮めていただけるよう―演じる。

20×10

銭《ぜに》というものについて　ユダヤの格言

・ふくれた財布が素晴らしいとは言えない
——しかし空の財布は悪い。

・金銭は無慈悲な主人だが有益な召使いにもなる

・どちらかと言えば金を稼ぐのはやさしくて
——使い方のほうが難しいのだ

・金は決してすべてを良くはしない——といって
金はすべてを腐らせたりはしない

・貧しいから正しく金持ちだから間違っているとは
——限らない

・貧乏は恥ではない しかし名誉と思うな

・貸す時は証人を立てよ 与える時は第三者が居てはならない

・借金を返す者は信用を倍にする

・金持ちに息子はいない ただし相続人は居る

・神は正しきもののみ試される

アラビアの算数　男が馬17頭を残して死んだ 遺言で 持ち馬の半分を長男に 残りの$\frac{1}{3}$を次男 三男には次男の$\frac{1}{3}$と記されていた
そこへ一人の旅人が馬に乗ってやってきた 宿を頼んだ 3人の表情が暗いので きくと ——
ならば お礼に私の馬をさしあげよう と言った

希林の雑記帳より

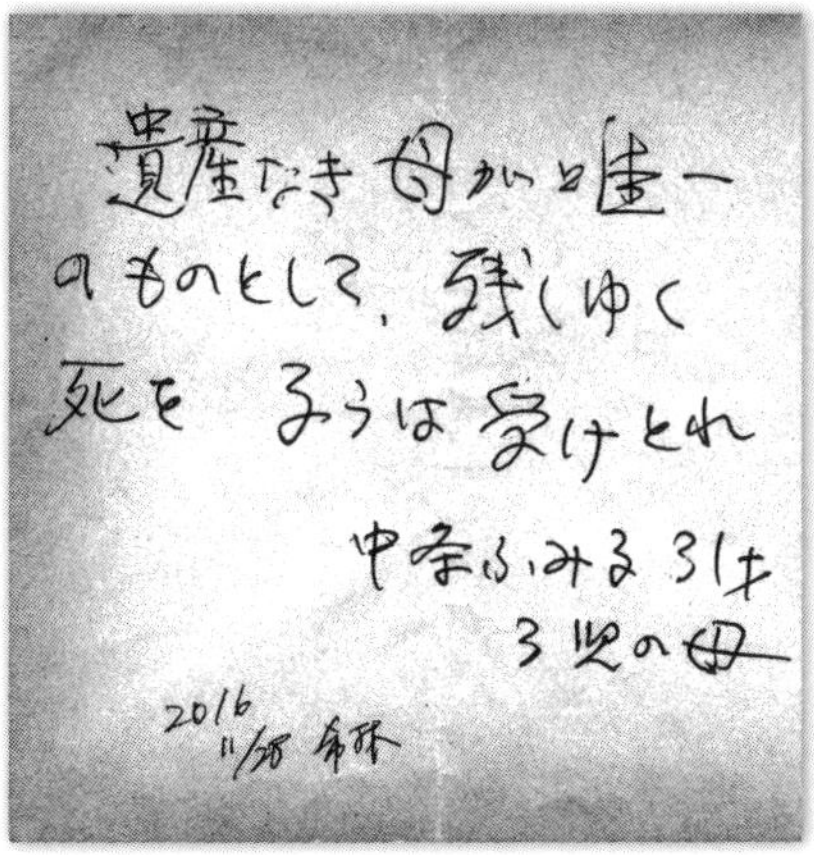
遺産なき母が唯一のものとして残しゆく
死を子らは受けとれ
中条ふみ子 31才
3児の母
2016 11/28 希林

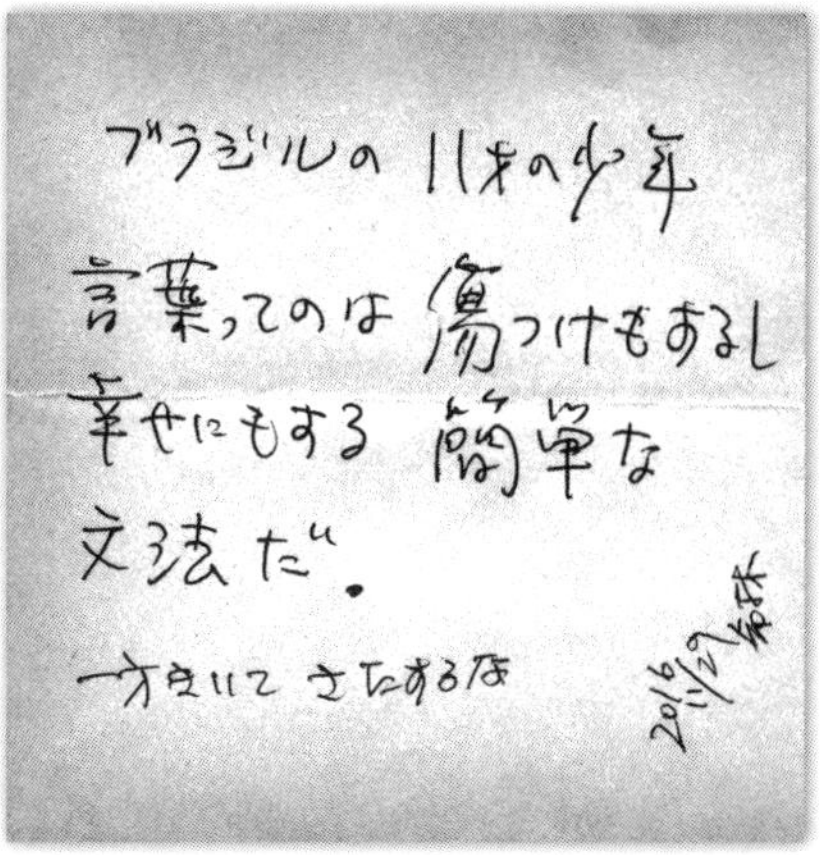
ブラジルの11才の少年
言葉ってのは傷つけもするし
幸せにもする簡単な
文法だ。

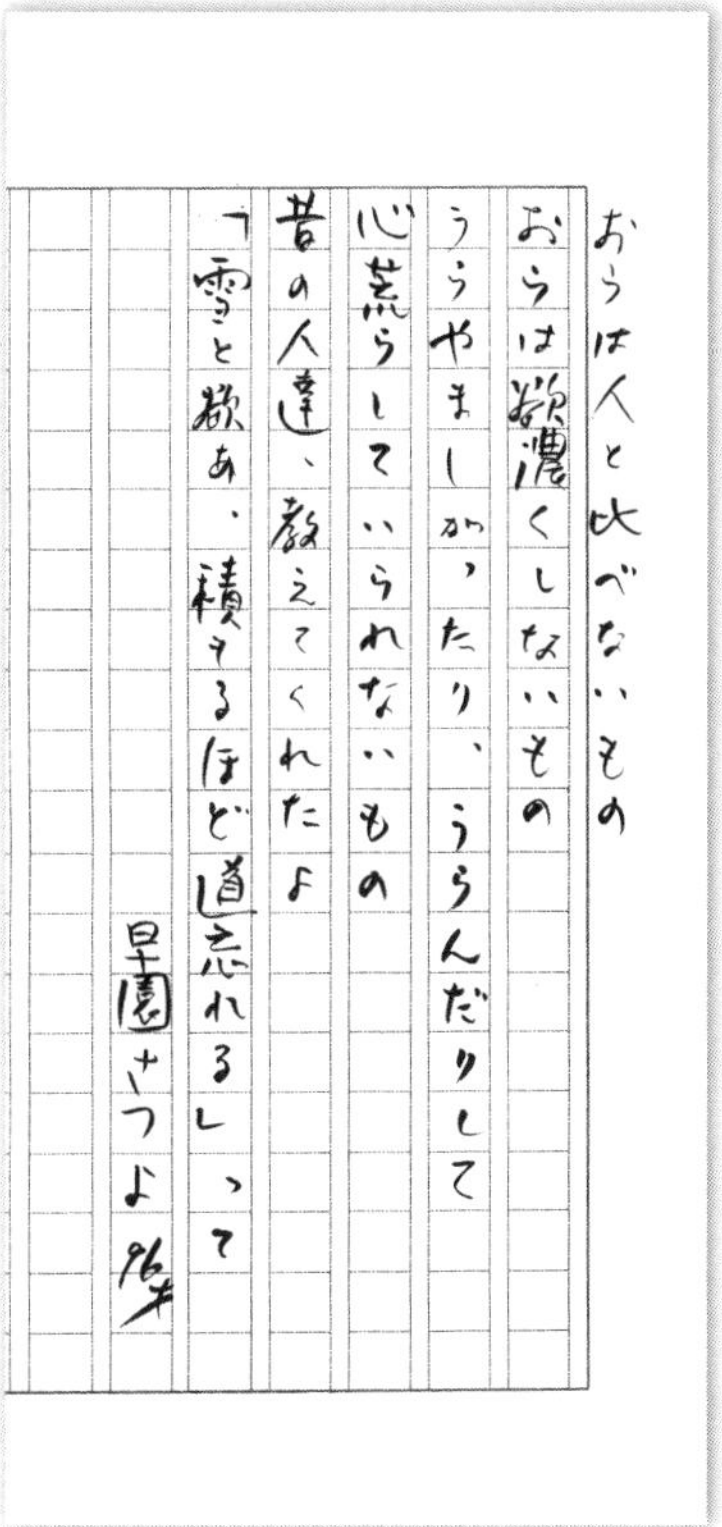
おらは人と比べないもの
おらは欲深くしないもの
うらやましがったり、うらんだりして
心荒らしていられないもの
昔の人達、教えてくれたよ
「雪と欲あ、積もるほど道忘れる」って
早園サツよ 96才

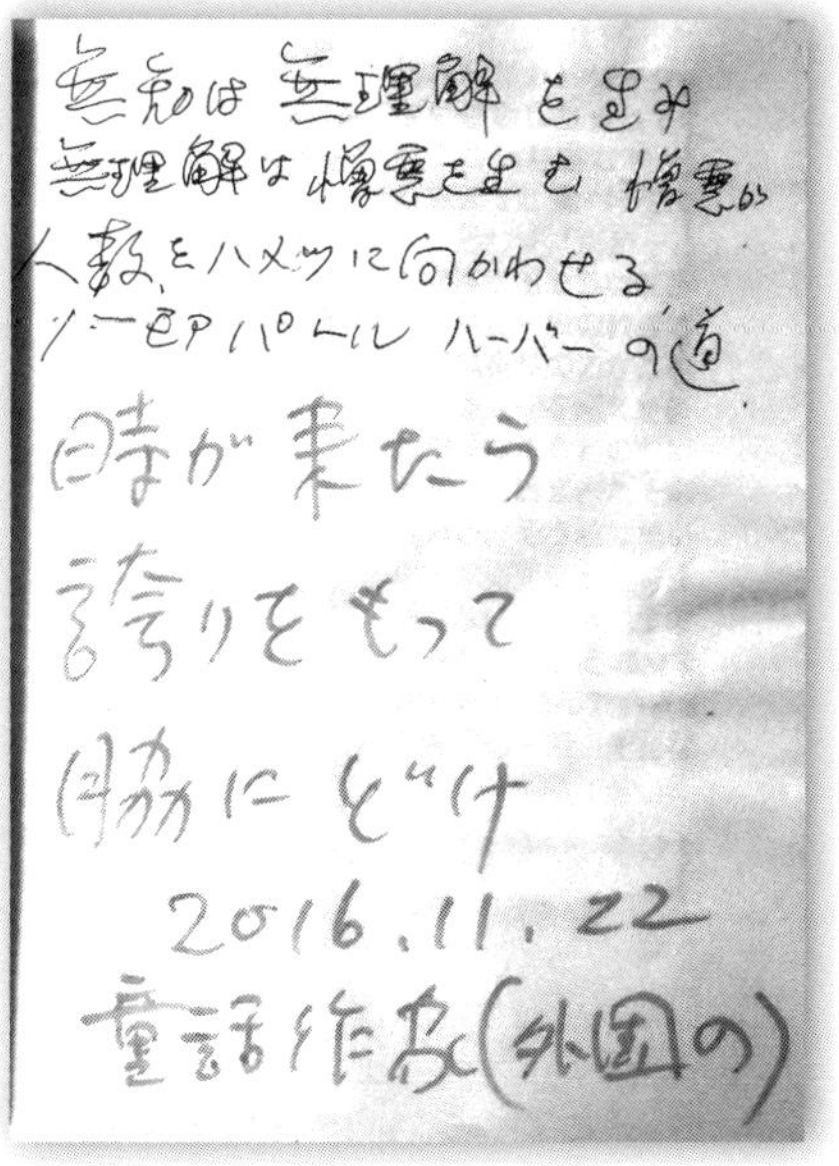
無知は無理解を生み
無理解は憎悪を生む 憎悪が
人類をハメツに向かわせる
ノーモアパールハーバーの道
時が来たら
誇りをもって
勝にとどけ
2016.11.22
童話作家（外国の）

『禅とジブリ』

鈴木 敏夫

淡交社

スタジオジブリ・プロデューサー鈴木敏夫は3人の禅僧と対談をかさねた。細川晋輔和尚（龍雲寺住職）、横田南嶺老師（円覚寺派管長）、玄侑宗久和尚（作家・福聚寺住職）。

禅というと、誰しも、わかりにくいと敬遠するが、この本は、実にわかりやすい。それは、鈴木敏夫が、ジブリでの宮崎駿《はやお》との毎日の会話をふまえて、3人の禅マスターからひきだすやり方が絶妙だからだ。

たとえば、希林の死後に公開された映画のタイトル「日《にち》日《にち》是《これ》好日《こうじつ》」も、禅として解釈すると、細川和尚は、「いい日ばかりじゃないけど、いかにいい日にしていくかが大事なんだ」と説明する。

病状は日々悪化し、歩くのも大儀になった18年の希林。そういう最悪の体調なのに、わざわざフランス・カンヌ映画祭に無理を承知で出席した。無理に出席したから、グランプリ受賞に立ちあえた。身体的には無理を通すことで、その〝いい日にしていく〟を、自らの行動でひきよせた、と理解できる。

18年の希林は、「モリのいる場所」、「万引き家族」、「ドキュメンタリー『転がる魂　内田裕也』」のナレーション、「日日是好日」、希林がプロデューサーになった「エリカ38」……。これは、〝仕事が好き〟というレベルではなく仏教用語の「道楽」というレベルではなかったか。道楽の意味は、「仏道を歩むことを楽しむ」とこの本にある。

それはまたこの本で紹介されている「壺中日月長《こちゅうにちげつながし》」の意味、壺中に入ると天国のようないい気持ちになるという心境に、希林は最後の年は、入っていた気がする。

それをささえたのが、希林の自然観。「柳緑花紅《やなぎはみどりはなはくれない》」。細川和尚は、「見たもの、聞いたものを、そのまま受け止める心。私たちも所詮、自然の一部でしかなくて、身構える必要などない、という考えです」と。がんの進行にばかり、心をうばわれないで、一日一日やっていくという希林の姿勢が、他の女優の5年分ぐらいの仕事を、6ヵ月の間に、やりとげさせてしまったのだろう。この本を、希林は7月18日以降に手に入れたはずだ。8月15日に大腿骨を骨折して入院し、9月15日に亡くなった。

多忙な、その1ヵ月の間に、この本を読んだのだろうか。読まなかったら、希林の百冊に残されなかっただろうから、読んだろう、と禅問答のような疑問が湧いてくる。文中に傍線は1本もなかったが、あるいは本全体に、引きたかったのかもしれない。この本は、不思議に生まれたばかりの〝赤子〟のような〝清らかな姿〟で残っていた。

細川和尚は、「目指すべき悟りは『赤子《あかご》』だとよく言うんです。赤ちゃんは、『明日は何をしようか』なんて考えていなくて、昨日のことも考えていない。（略）そういう生き方ができればいいと」。希林も、赤子のように、赤子がよく泣くように、仕事だけをよくやって、終わりをむかえた。

『ホイヴェルス神父日本人への贈り物』

土居健郎　森田明 編

春秋社

ヘルマン・ホイヴェルス神父は、関東大震災があった直前に来日し、54年間にわたって宣教活動にはげんだ。その間には上智大学第2代学長、麹町協会主任司祭などを務めた。

土居健郎の解説によると、ホイヴェルス神父は、平易な日本語で、10近くの著書をあらわし、そこからの引用が本書である、とのこと。その長い思索から生まれた言葉。日本語の独特のニュアンスに敏感であった神父の言葉は、日本人に読みやすかった。

「日本人は他の国民とは違った特徴を持っている。他の諸国民がそれぞれ違っているのにも増して。にもかかわらず、日本人は全く人間的だ。だから彼らを理解することは不可能ではない」。

「日本人の愛するものは自然の静けさと心の安らぎだ。どんなにひどい騒音もこの静けさをかき乱さない。人々が忍耐を失うことは滅多にない。少なくとも人々はそれを表に出さない」。

「親切な人柄と礼儀正しいふるまいが多くの衝突を防ぎ、この国での生活を心地良いものにする。やさしく暖かで、よく調えられた感情こそが、人の心の最も美しい花を開かせる。そ

れは善きものを生み出す源となる」。
「日本人にはまだ自然との対立というものがない。人々は宇宙を神秘に満ちた、聖なるものとして感じ取る。人間は、表面上の対立から歩み出して、完全性に到達すべきものだ。たとえば絵画や生花や詩歌において」。
「『静か』とか『静けさ』という言葉ほど日本でしばしば聞かれる言葉はない。そしてキリスト信者として私が特別な喜びと感謝を感じる三つの言葉がある。（略）まず、『いただく』―贈り物をうやうやしく受け取ること。（略）次に『ささげる』―賜物を心の贈り物として差し出すこと。最後に『落着く』―心が静まること。もともとは、落ちて何かにつき当たり、安定した状態になることである。（略）とりわけそのための表現とふるまいを、日本人ほど完全な形態で持っている国民を私は知らない。（略）」。

日本人の美質をここまで深く考察したドイツ出身の神父は、よほど日本が好きだったのだろう。名著『甘えの構造』の作者でもある編者の土居健郎は〝はじめに〟にこう記した。（略）
「ホイヴェルス神父は神からの贈り物（注・福音）を日本人に配ることに一生を捧げた。神父自身にとって、日本こそが神からの贈り物であった」。

神父は「人生の秋に」というエッセイに、その日本観の決算として、
「人は人生の秋に、なにかよいものを世のなかに残したいと思うものです。良寛は辞世の歌に次のようにうたいました。『形見とてなに残すらむ春は花夏ほととぎす秋はもみぢ葉』。この詩人は世のものと自分とが、まったく一つのものと感じました」。

希林が、慶應丸の内シティキャンパスで講演した時（12年）、ホイヴェルス神父が、友人から送られた詩『最上のわざ』を朗読した。

祥伝社新書

『神（サムシング・グレート）と見えない世界』

矢作 直樹　村上 和雄

〝希林保存本〟中、いちばん多くの赤い傍線が引かれていた。なんと96ヵ所以上。希林がこの本を手にしたのは13年。つまり「全身がん」を公表した年である。残り10年の命と宣告されて、彼女は、死とこころと魂に、向いあわざるをえなくなった。その動揺が、96ヵ所にあらわれた。

著者の矢作は、当時、東京大学大学院医学系研究科教授。村上は、筑波大学名誉教授、遺伝子の世界的権威。対談ではなく、ふたりが交互に、（見えない）霊・魂の存在と遺伝子の関係を解説した。

希林が最初に赤線を引いたのは、西行法師がはじめて伊勢神宮を訪れた時の歌、「なにごとの　おはしますかは　知らねども　かたじけなさに　涙こぼるる」。村上は、「聖地に対して感じる強いパワーを最大限に表現した歌だと思います」。

希林が2番目に赤線を引いたのは、アインシュタインの「宗教抜きの科学は足が不自由も同然であり、科学抜きの宗教は目が不自由も同然である」との言葉。

遺伝子学からいうと「生と死が対《ペア》です」と村上。中国の易経の陰陽六十四卦と同じように、DNAも4つの塩基をもとに64通りの組み合わせで構成されていると。神の仕業のような奇妙な一致。最近、終末期医療に関心が高まってきた。そして「死の受容モデルとは、人間が最終的に死を受け入れるまでの五段階プロセスで、否認→怒り→取引→抑鬱→受容となります」。続いて「そもそも死ぬことは自然な営みですから、それがあらかじめ遺伝子に準備されているのではないかと思います」と、ここにも赤線が。さらに「アンチエイジングはムダなのです。（略）つまり加齢という自然法則には勝てません。（略）むしろ『見事に死ぬ』『どう老いるか』を論じるほうが、健康的で自然です」。希林の見事な死に方は、ここからスタートしたのか……、「死ぬときぐらいは、好きにさせてよ」とのコピーを思い出す。

矢作は、「上の世代の義務に『自らの死を見せる』ということがあります」と説き、大家族時代は、家族が自宅で死ぬ様を遺族が見守るというのは「大切な教育機会」という。希林は、そのようにして、自分の死に様を、娘や孫に、さりげなく見せた。

村上は、新医療システムとして「健康院」を創設したら、と提言する。すると希林は、健康院のわきに赤線を引き、赤い文字で、「病院デナク」と書き入れているところが、可愛い。

第五章「人間はどこに向かうのか？」の村上の主張が面白い。希林の赤線もこの章で急激に増えている。そのなかでも「それに、臓器移植は霊という存在を否定するものです。人間を単なる〝入れもの〟として見る思想です。そもそも肉体じたい、自分のものではなく借りものなのに、貸し主である神の許可もなく、〝又《また》貸《が》し〟するのは、神意に反した行為です」と。希林は、この又貸しの文字を線ではなく赤丸でかこんだ。霊魂の話に不動産用語がでてきたので、うれしくなったようである。

『釈《しゃ》迦《か》御《ご》一《いち》代《だい》記《き》図《ず》会《え》』

文章　山田意斎　現代語訳　沢 道子

ニチレン出版

本書は、弘化2年（1845）に初版がでた。明治17年の再版から版を取った復刻版。原本は和綴じの6冊本からなる仏伝の読本《よみほん》。原本は漢字仮名まじりだが、訳者の、沢道子が、その原文を現代語にかえた。それだけでも大変なのに、専門的な仏教用語を、わかりやすく短く解説していて、すんなりと読めるようになっている。たとえば、悉達《しつだ》太子は、何度もでてくるが、そのたびにルビがふられているので、便利である。

葛飾北斎が、この仏伝の挿画を描いた。原本には、35図の絵が入っているが、本書では39枚が収容されている。北斎が、この挿画を描いたのは86歳の時。それにしても北斎のイマジネーションの豊かさには驚かされる。その時代、インドの情報がなにもなかったのに、インドの植物がキチンと描かれていたり、現代の青少年が好む怪獣ものにでてきそうなモンスターが多数登場する。さらに、現代映画の特撮シーンみたいに、スリットを多用して、絵を見る人の視覚を混乱させたりしている。そして、釈尊（シャクソン）の顔も、特別な顔つきでなく、どこにでもいる少年のように、たよりない顔をしている。

それに反して悪漢・怪獣の顔は、すさまじく手がこんでいる。表紙になった「天雷が暴悪を罰して流離王の王宮を焼き、君臣を焼き殺す図」は、まさにスペースオペラ、バックは渦巻き暗黒宇宙。竜巻があらゆるものを破砕している。大モグラ風の怪獣の背にまたがる人か妖怪かわからない顔の悪大王。

それにしても、希林は、この本をよく見つけだしたものだ。この神霊を感じさせる本が、出版されたのは平成17年。

訳者の沢道子の労多い仕事にも、頭がさがる。沢は、東京大学文学部フランス文学科卒。子供のためのオペラ「青い鳥」の作詩も。仏教用語、古語の解説という大変な仕事も、読者にとっては、ありがたい。たとえば、

「成道正覚《じょうどうしょうがく》⬇真の悟りを開くこと」。

「三密《さんみつ》⬇身・口・意」。

「縁覚《えんがく》⬇独力で悟った人」。

「因位《いんい》⬇悟りにいたる過程」。

「寸善尺魔《すんぜんしゃくま》⬇善は少なく悪は多い」。

「無仏中間《むぶつちゅうかん》⬇次の仏が現れるまで」。

「定心《じょうしん》⬇動かない禅定の心」。

「無為無漏《むいむろ》⬇汚れない自然本来」。

「発心修行《ほっしんしゅぎょう》⬇悟りを求める修行」。

「権者《ごんざ》⬇神仏の権化・化身」。

「般若《はんにゃ》⬇悟りの知恵」。

「無住《むじゅう》⬇執着しない」。

「法眼浄《ほうげんじょう》⬇菩薩の知恵の眼」。

「天人五衰《てんにんごすい》⬇一、夫人の冠の花が萎《しお》れ、二、腋の下が汗ばみ、三、項《うなじ》の光が失せ、四、両眼がひどく瞬《まただ》き、五、座していても懶《ものう》い」。


北斎の怪奇唐風モンスター乱舞仏画と沢道子の流麗な文章が、読後、痛棒をくらって夢から覚めた心地にさせる本である。

『「釈迦」の遺言』
―悔いなく生きる99の知恵―
志村　武
三笠書房

著者、志村武は20年も〝禅の巨人〟、鈴木大拙に師事。釈迦以外にも、〝生きる知恵〟を与えてくれるトルストイ、バートランド・ラッセル、ツルゲーネフ、親鸞、アリストテレスたちから名言を引いている。希林も、数多くの所に赤線を引いている。また、この本は例外的に頁のスミを折りまげたままのところも多かった。その赤線を中心に……。

11「『怨み』は捨ててこそしずまるもの」解説文は、「これは不変・不滅の真理である。また、勝利は必ず怨みを生むことになるから、われわれは勝敗を捨ててしまわねばならぬ(略)」。

16「口先の勝敗にとらわれるな」「『立派』とは、本来『立破《りっぱ》』と書き、自分の立論を明確にして相手を論破する意味に用いられた言葉(略)、こんなふうに、舌先三寸でどうにでもなることが、この世の中にはどれほどあることか。だから『口先の勝敗にとらわれてはならぬ』。肝心なのは『理論の純正』で、それが『立破』を導く」。

18「いつも『明日』があると思うな。」「この世の中には〝これは確実だ〟といえるもの

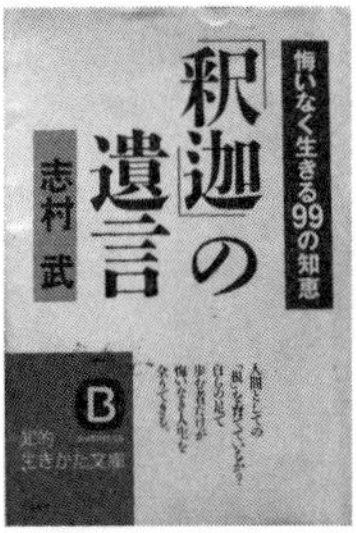

は何もない。いたるところに無常の風が吹き荒れ、一切を揺り動かしているからだ。（略）死の腕は、まさに誕生の瞬間に生命の首に巻きつく。咲く花は必ず散る。花咲き、実を結び、そして壊滅する」。

20「言葉は実行の影法師」「会議の席、あるいは集会の席で、人は偽りの言葉を口に出してはならない。（略）中国には『言葉の裏には、血を流さずに人を殺す龍がひそんでいる」という諺がある。（略）言葉は本来、実行の影法師になるべきものだが、現実には実行の方が言葉の影法師になってしまうことが多い」。

23「舌は人を破滅させる斧」「どうして、私たちはついつい悪口をいって『自分自身の生命を断ち切るような結果を自ら招いてしまう』のか。（略）『他人を憎悪する（怨む）心を以てしては、どうしても、その憎悪を解きえないものだ。憎悪のない心によってのみ、それを解くことができるのである』。仏教では、その不憎悪、無怨の心を『等心《とうしん》（平等で傾かぬ心）』と名づけて重んじている」。

26「執着こそが苦しみの種となる」「ここに登場した三人の女性はいずれも、それぞれの対象に執着し、取り返しのつかない過ちを犯したことになる。何ごとかに執着して、心がそれにねばりつくと、いわば放心状態に陥り、過ちや患いに必ず誘いこまれてしまうのである」。

30「自縄自縛《じじょうじばく》」「自分の見解だけを無条件に『是《ぜ》』とし、他のすべてを一方的に『非《ひ》』と断定してしまうのを『自縄自縛』という。（略）英国の哲学者バートランド・ラッセルは、『世界の禍《わざわい》の一つは、何か特定のことを独断的に信じる習慣である、と私は思う。（略）私たちはつねに、自分の意見に、ある程度の疑いをまじえなければいけないと思う』」。

『「家族」を探して』

―「東京タワー　オカンとボクと、時々、オトン」オフィシャルシネマブック―

橋本麻里　構成・文　長島有里枝　写真

扶桑社

まえがきに、著者、橋本麻里は、「『いわゆる映画オフィシャル本』とは違うものが作りたい」、というところからこの本は立ちあがった、と書いている。たしかに、普通の、無理にハデにした空虚なオフィシャル本ではなく、その地味な文、地味な写真が、いぶし銀のような光を放つ書物になった。

橋本は、松本錠司監督、オダギリジョー、樹木希林、リリー・フランキーなど関係者全員にインタビューしているのだが、全部、素晴らしい。それは橋本が的確で奥行きのある質問をして、そのまとめ方も、昔の名大工の仕事みたいに、寸法が気持ちよく、きちんとしているからだ。さて、希林の映画演技論を……。

希林　「（略）いじらしいな、人間として可愛いな、噴いちゃうなって積み重ねが、映画の中にたくさんほしいんです。傲慢に聞こえるかもしれませんけど、ストーリーを見せるだけなら私じゃなくてもいい。むしろ、エピソードの集積からにじみ出してくる微妙なものを見せたいですね。でもそれがカットになっちゃったんで」。

橋本　「原作、そして脚本の台詞のひとつひとつから樹木が読み取り、造形したオカンは、圧倒的なリアリティを持って観客に迫ってくる。原作者リリー・フランキーをして『……似てるんですよ。口紅の塗り方なんかそっくりで』……」。

希林　「（略）彼女の中にオトンを思う気持ちがあったというより、あの破天荒さを面白がる気分があって、離れていればいちいち目くじらを立てる必要もないし、（略）そしてオトンの存在がある意味『重し』になっていた」。

橋本　「『人の裏が見えてしまう』。そう語りながら、返す刀で取材者の口からも語らせようとする毅《つよ》さが、役者として人間としての樹木に、くっきりとした輪郭を与えている」。

希林　「（映画は）監督のものだと思っているんですけど、『それは違うでしょ』と言うのを抑えられない。今回は出番のボリュームが多かった分、監督はつらかっただろうと思いますね。それでも百のうち十八くらいしか言ってません（笑）。（略）今でも笑ってしまうのが、『飢餓海峡』で老刑事役を演じてその年の映画賞を総なめにしたときの伴淳三郎さん。受賞後に『ところで犯人は誰だったの』って（笑）。そりゃ確かに、『水戸黄門』みたいに『この人が犯人でした』ってオチがつくわけじゃありませんけど……。それくらいになると、大したものですよね。森繁久彌さんも、よく『伴淳には勝てない』とおっしゃってます（笑）。だから役者が半端に考えて、ものを言いだしたときは、割とマイナスに働くケースが多い。芝居って、『わかった瞬間から面白くなくなっていく』ものなんです。だから私がこれから目指すのは、ちゃんとわかっているんだけれども、外に表現されるものは伴さんと、いう役者です」。

　希林の、深遠な演技論をひきだした橋本麻里に拍手を、送りたい。

『死ぬときは苦しくない』
―日本人の死生観―

永井 友二郎

日本医事新報社

著者、永井友二郎は、昭和17年に海軍軍医中尉に任官。すぐ、戦史に残るミッドウェー海戦にかりだされ、〝戦死〟を目撃する。同期生の軍医は、戦死。はじめて〝人間の死〟を考えはじめる。第三次ソロモン海戦に従軍、そこでも戦死する兵隊を見る。次に「伊一七五号潜水艦」でキスカ島撤収作戦にあたる。また異動命令で、潜水母艦「平安丸」へ。永井のかわりに「伊一七五」に乗った三島有朋軍医は、すぐ「伊一七五」が轟沈され、三島も戦死。永井の乗った「平安丸」も、トラック島で爆撃され沈没。爆弾が艦に命中した瞬間に、永井は意識を失う。どれぐらい時間が経過したのか、気がつくと、手と顔に、ガラス片が無数に刺さっていた。海に飛びこみ、カッターに引き上げられた、その時、永井は、「これだけの怪我をしたのだから、このまま死ぬのかもしれない」と考えたまま、また意識を失う。

永井は、医師としてはじめて「人間の肉体と意識」というものを考えはじめた。その戦闘体験と多数の戦死者の状況を見て、「人間は死ぬとき、意識が先に消え、痛くも苦しくもない」ということに気づく。

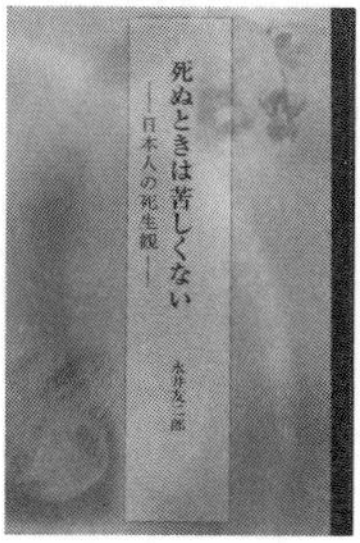

同僚の軍医たちが、相次いで戦死、自分だけが、運よく生き残った事実を深く考える。そして、戦場での〝生命飢餓状態〟におかれながら、自然に体得したのが、「あるがままをよしとし、決して愚痴はいわず、自然の成り行きに素直にしたがう、それを自分にとって一番いいこと、有り難いこととしてうけいれる」という自己流の信仰を身につけた、と記す。戦争から戻った永井は、開業医としてくらす。その経験から、「実地医家のための会」を設立し、開業医の「終末期医療」は、どうあるべきか考える。永井の結論は、「末期の病人に対して、不自然なことはできるだけやめてもらいたいものである」と。

永井は、ソロモン海戦後、一時帰省を許され、一日だけ生家に戻る。その時に感じたのが〝末期《まつご》の目〟。「残された時間の少なくなった人間の特殊な心情である。人間はこのとき、すべての欲望から離れ、親しかった人たちには勿論、まったく見ず知らずの人にさえ、心をよせ、手をにぎり、話しかけたくなり、別れを惜しみたくなる、そういう純粋な心の状態である。人間愛といってもいい」。

永井は、日本のさまざまな先人たちの最後の言葉を列記する。俳聖、松尾芭蕉は「きのふの発句はけふの辞世。今日の発句はあすの辞世（略）一句として辞世ならざるなし」。永井は書く。「芭蕉の生涯をつらぬいたのは、やはり『自然、あるがまま』だった」と。

希林が、自分のがんを公表したのは、平成17年。強がりでいってしまったが、心細い心境の毎日だった。それを救ったのは、この本だった。平成20年、是枝裕和監督「歩いても　歩いても」の撮影時。その映画のテーマは「生老病死」。この本は、永井から手渡された。永井医師とおだやかな顔の希林が撮られた写真、二葉も、はさみこまれてあった。

『陰徳を積む』

―銀行王・安田善次郎伝―

北康利

新潮社

希林の百冊のなかで、ただ一冊の経済人伝記。なぜ、希林はこの本を残したか。

主人公、安田善次郎は、半士半農の身分から、日本最大の財閥を一代でつくりあげた刻苦勉励の人。彼が越中・富山に生まれたのは、天保9年。まだ徳川幕府があった頃。

善次郎が、どのぐらいの金持ちであったか、著者の北康利は、「はじめに」に記している。善次郎が亡くなった大正10年。当時の資産は2億円を超えていた。そして同じ年の年間国家予算は15億9100万円。国家予算の8分の1に相当する富を一代で築いた個人資産家は、我が国の歴史をかえりみても空前絶後である、と。善次郎は、明治期という日本経済が急速に勃興し、二度の対外戦争を経験した激動の時代における国家の土台を経済・財政面から支え続けた。その希代の経済人は、大正10年に、テロリストによる暗殺に倒れた。理由は、〝ケチ〟だという風評が、日本中にばらまかれたせいだった。

ところが、善次郎は、集めた富を、日本の未来のために、日本の経済・財政的枠組みをつくるために投資していた、というのが、著者が、この本を書いた動機になっている。

タイトルの「陰徳を積む」という言葉は、まさに、善次郎のためにある言葉のように思える。

中国、漢時代の淮《え》南《なん》王が、部下にいろいろ言葉を集めさせて、「人間訓」をつくった。そのなかに、「陰徳あれば必ず陽報あり」。意味は、人知れず、善行を積んだ人には、「よい報《むく》いがある」から、「陰徳を積む」という教訓が、江戸時代の儒教教育で日本でも、知られるようになった。

希林は、いくつかの文章をエンピツでかこんでいる。たとえば「ただ漫然と日常を過ごすだけであれば、動物と何ら変わるところはない。規則正しい生活を送りながらそれぞれの天分を尽し、もって自分と家族との繁栄発展を期すること（略）」や「たとえ思わぬ災難に出遭っても他人に迷惑をかけず、独立独歩で処し得るように平生の準備を立てておくことは人間第一の務めである」と。父、善悦は、善次郎に教えた。なかでも父が口すっぱく言ったのが「陰徳を積め」であった。善次郎は、父の中国の人生哲学を、そのまま自分の経営理論として実行し、そして日本一の金持ちになった。希林は、続く文章のなかの「陰徳を積め」だけは、丸でかこんだ。

希林は、この本の余白に、善次郎の子孫系図の書きこみもしている。最後に、あのオノ・ヨーコとある。善次郎からすると、孫、磯子の娘が小野洋子。オノ・ヨーコは、安田財閥の子孫との噂があり、真実のところは不明であったが、この本によって、正しく善次郎の子孫であることが明らかになった。ヨーコは、ジョン・レノンの遺産四百億円以上を受けとった。希林は、75年頃、夫、裕也の紹介で、ヨーコと交際していた。希林は、ヨーコの本当の〝出《しゅつ》自《じ》〟を、この本で知った。

『中川信夫詩集 業』

中川 信夫

酒豆忌実行委員会

〝希林の百冊〟のなかには、私家版、自費出版、非売品、あるいは、それに近いものが数冊残されていた。それらは、いずれも、面白さ、真摯さ、叫びが、まじりあって、棄てがたい妙味を湛えている。

『業』も、かつて中川信夫と一緒に働いた人、友人たちの手により「タイプ印刷」版により刊行された。理由は、タイプ印刷が経済的、だったからである。

少年時代より文学に傾倒していたが、のち映画界に身を投じた。マキノ・プロダクションで助監督、脚本家として働きはじめ、次に市川右太衛門プロに入る。34年に「弓矢八幡剣」で初監督。次にマキノトーキーにさそわれ、ついで東宝入社。42年には中国に渡り、中華電影公司で監督。46年に上海から引揚げ、新東宝で「東海道四谷怪談」「地獄」「『粘土のお面』より　かあちゃん」等の傑作を生む。日本を代表する怪奇怪談映画の監督として、熱狂的なファンを得た。新東宝倒産後、東映に移り、テレビ作品を撮った。生涯で97本の映画を撮った。その長い時間のあいだ詩作も続けた。貧乏生活も続けなければならなかった。理由は、底なしの酒飲み。

「ぜに」
むかしゃ
ぜになんぞ
けいべつしとった
いまじゃ
はじも
がいぶんもねえ
ぜにほしや

「人生」
コドモは泣く
大人は泣けぬ
大人はかなしい

「貧乏草」
その草をさわっちゃだめよ
お父さん
その草にさわると
貧乏になるわよ
小学生の頃の
次女が私にいった
五六年前のことだ
（略）

97本も映画を撮りながら、一冊のこの詩集をだすのに、61年の出版計画からはじまり、81年に中川自身が四度目のあとがき、「続・続・続・あとがき」を書いて、ようやく陽の目をみた。84年に他界。映画界を代表して、希林は、哀悼と連帯の一冊を残した。希林が持っていたこの本は、09年の復刻版。希林は、中川の「文字」も好きだった。

『折々のうた』

大岡 信

岩波新書

79年、朝日新聞の第一面に１８０字の新しいコラムが連載されはじめた。日本語でつくられた古代より現代にいたるまでの間の、そのなかでも心に残る詩歌作品が一日ひとつ掲載されて人気コラムとなった。編者は大岡信。07年まで約30年ちかく続いた。

第1冊から新書版にまとめられ、〝希林の百冊保存版〟には、第1から第7まで揃えられてあった。

そして第1冊の最後の頁に、愛用の小型ギロチンみたいなカッターで、コラムを鋭くカットした38枚がはさみこまれてあった。

そのなかの2枚。ブラジルの11歳の少年の警句。「言葉ってものは／傷つけもするし、幸せにもする／単純な文法です」ヴィニシウス・リベイロ。希林の人生のテーマを、11歳の少年が軽々と言い切ってしまっている驚き。もうひとつ。「おいとまをいただきますと戸をしめて出てゆくやうにゆかぬなり生《せい》は」斎藤史《ふみ》。史は現代女性歌人の代表のような存在。あの世の希林に、自分の生を歌って欲しい、という気がする。

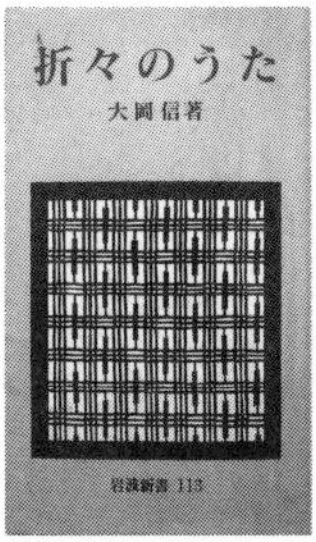

続（2）冊に、スミが珍しく折られたままの頁があった。7冊中、2ヵ所だけだった。すべて自分のものを、きれいな姿で残したいと願った希林は、折った頁を元に戻したが、それでも二句だけは、そのまま残された。その時、やはり特別の感情が湧いたことの記憶として。

ひとつは「雪はげし抱かれて息のつまりしこと」橋本多佳子。彼女の歌は、先立った史を追慕したもの。希林の場合は、まだどこかで勝手なことをしている夫のことを孤居の冬の夜に思いだし、めずらしく、女の情のようなものに、フッと胸をつかれたのかもしれない。ポロッと希林の本心が……。

折られたままのふたつめは、第4冊に。

「犬も／馬も／夢をみるらしい／／動物たちの／恐しい夢のなかに／人間がいませんように」川崎洋《ひろし》。大岡の解説。「泳ぐ魚を素手でつかむように日本語をつかみとり、その実感をいきいきと詩に盛るのが巧みである」と。

この詩を読んで、希林は、自分の自然観を、これほど見事に、新鮮に歌いあげた詩はない、と大きな声を、ひとりの書斎であげたにちがいない。

第3冊には、グリーンの色エンピツで傍線が引かれた歌。

「左様《さよう》ならが言葉の最後耳に留《と》めて心しづかに吾《われ》を見給《みたま》へ」松村英一。大岡の解説。「さよならだけが人生だ、という感慨は古来多くの人をとらえたが、心静かにこの私を見つめていってくれ、という下句には、長寿を得て自然死を迎える覚悟を持ち得た人の知る静けさがある」。

希林は娘夫婦、孫にかこまれて、その時をむかえたが、夫、裕也の姿は、その場になかった。ただケータイを通して声だけが送られた。希林に聴こえたかどうか。

『人間コク宝』

―ドトウの濃縮人生インタビュー集―

吉田　豪

コアマガジン

希林がこの本を自分の〝人生の百冊〟に入れたことに、敬意と賞賛をささげたい。泥のなかからダイヤモンドを発見するような慧眼と本物のインテリジェンスがないと、この本を、手元におけない。

『人間コク宝』は、リアルで空虚な芸能界で、自分の真実だけをつらぬき通した芸能人の本物の声だけをインタビューという形で表現したものだ。

著者の吉田豪については、本の帯に、こう記されている。「本人よりもその人に詳しい芸能本史上最強のインタビュアーによる濃厚インタビュー集」とあるが、これはウソではない。芸能人本にありがちな、ヨイショとウソにまみれた文は一行もない。

希林は芸能界の〝地獄耳〟といわれたほど、他のタレントの哀話・ヒトには言えない事を、いっぱい、たくさん知っていた。その希林が、十数年も、自分の書棚に置いておくだけの価値を認めた凄い本なのだ。

インタビューされたのは18人のひとクセもふたクセもある芸能人たち。坂上忍の小タイト

ルは「大晦日ぐらいになるとお金も大掃除、家も大掃除、女性関係も大掃除みたいな」。カルーセル麻紀「いま現役でバンバン歌ってたり役者やってたりで、1回こっきり（ヤった）なんていうのが山ほどいますよ」。田代まさし「俺、裁判のときにも『君は芸能人に向いてないんじゃない?』って裁判官に言われて、思わず『ごもっともです』って答えちゃったんだけどさ」。稲川淳二「怪談がどんなに怖くたって、地獄を見た人間にとっては怪談なんか怖くないぞってこと」。ROLLY「コンプレックスがない人間ほど面白くないものはないから」。岸部四郎「死を覚悟するぐらいやったら、もっと借りる」。ジョニー大倉「俺はいつも満たされてなかったよ。いつも『これでいいのか?』って気持ちはどっかにありながら、キャロルというバンドが日本を席巻してったよね」。

芸能人をインタビューしながら、トータルとしてこれほど品のいい文章を書けるのは、吉田豪だけだろう。対話が、夏目漱石の小説『草枕』の会話みたいに思えてくる。

18人の最後に内田裕也が出てくる。希林は裕也が登場するから、この本を保存版にしたわけではない。残り17人の分が、ふるえがくるほどよかったから、残したのだと思う。

その裕也は、吉田豪に「女に溺れることはなかった」とふられて、「いやあ、女も嫌いじゃないけどな。狂いはしなかったけど、1〜2回はちょっとこう……。だからKさん（樹木希林）には『自分の子供の家庭っていうものに対してちゃんとしないで、なにがラブ&ピースですか!』って殴られたことあったよ（笑）」。

裕也は吉田豪の調査能力と気合におされて、吉田にワインをサービス、居住まいを正し、ロックンローラーは家庭の内のことは禁句、をはじめて破って、それでも恥ずかしかったのか、「Kさん」などととぼけた。芸能界のコトダマは、吉田豪から発せられる。

『藝人春秋』

水道橋 博士

文藝春秋

芸能界には、地獄耳と怖れられる怪物が棲んでいる。人には知られたくない恥ずかしい話、まったく自分が知らない話が、オヒレハヒレがついて自分のこととして一人歩きしていたりとか……。希林は、さしずめ地獄耳の女親分のポジションにあった。ある時こんな話をしてくれた。希林は、吉永小百合と親友である。小百合の仕事の選び方、打ちこみ方、暮らし方に敬意をはらっていた。

「一年に二、三回ふたりだけで食事をするの。マァ普通のなんでもない世間話をしかしないんだけど、さあ、お勘定の時になると、わたし（希林）は、あなた（吉永）より稼いでいるけど、ここは、あなたが払ってちょうだい……。わたしは、国に税金を払うだけだけど、あなたは、国からお金を貰っているでしょ、というと、小百合は、わかりました、って払ってくれるの。」。

国からお金を貰っているというのは、小百合は、文化功労者に選ばれているから、なにがしかのお金を毎年支給されていることを指す。

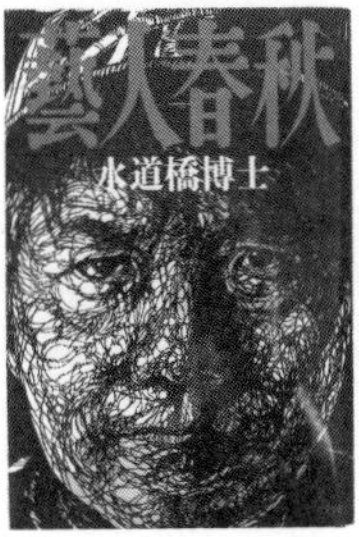

天下の美女に、そうズケズケという名女優はいない。

そこに上等な洒落とアイロニー（皮肉）が発生する。希林の話は、英国の文豪のような、あるほのかなオカシミと名外交官のようなエレガンスを感じさせる。

前置きが長くなった。本書の著者の水道橋の地獄耳は、希林の話にくらべると、直球だけで試合をつくろうとする若手投手のようなレベルにある。それでも面白い話を地獄耳で集めて紹介している。たとえば、「談志の落語」。

〈「マクラが好きな人も多いよね」

「うん、うん。あれが傑作なんだよぉ。知ってる？　精子のヤツ」

ボクが首を振るとヒロトが小咄を始めた。

「フクロの中での話ね。何億という精子の中でリーダー格の奴が鼓舞するんだよ。『いいかぁお前たち！　こんなにたくさんいるんだから誰かが子宮に届くだろう、自分じゃなくてもいいやなんて思っちゃダメだ！　誰かがやってくれるんじゃない！　自分がやると思わなきゃダメだぞ！』って他の精子に意識改革するんだよ」（略）

「そしたらそんなリーダーにもつい出番がやって来るの。『よし、俺はいちばん最初に子宮に到着するぞ！』って意気込んでね、うごめく精子たちの中で、必死になってなんとか先頭に立とうともがくの。んでついにリーダーが先頭に立ったその時！　後ろから声が聞こえた……『おーい、それは尺八だぞぉお』〉。談志の想像力のキレ。

水道橋の地獄耳は、この本では、発展途上のように読める。名も知られてない芸人の話は面白いが、北野武、松本人志などの大物の話には、暗い地獄を感じない。

『藝人春秋2』（上）

―ハカセより愛をこめて―

水道橋　博士

文藝春秋

　芸能界地獄耳第2弾。漫才師、水道橋博士は天下の週刊文春編集長に、連載読み物を依頼される。先に出した『藝人春秋』の売れ行きが好調なので、第2弾として、まず週刊誌で連載して、それを単行本にまとめるという流れ。内容は前と同じ芸能人・タレント・文化人・著名人を題材にした人物評伝。名づけて〝エンターテインメント・ノンフィクション〟。

　全体として、前の本には、無名にちかい芸人、これから売り出そうという怪人タレント、全盛期がすぎた芸人から、いい味をひきだして、大衆モノに必須のペーソス＝抒情性があったが、今回は、話題の中心にいた橋下徹、タモリ、リリー・フランキー、みのもんた、さんま、大瀧詠一と超大物ばかり。どうしても登場人物のパワーが強すぎて、水道橋のツッコミが弱くなる。前の本で、人気を集めた無敵じゃなく無名の三又又三も、再登場したが、不発気味。三又に似た新人としては、マキタスポーツも登場。

　編集長のたっての希望だったビートたけしのハナシは、スポーツ紙によくあるみたいなフツーの出版話を、超有名人を父に持つ息子と父の、単なるコラボレーション紹介になってし

まった。北野武が「作・絵」、「編集・構成」を息子の北野篤でつくった絵本の話。

前の本にも、「2」の方にも、献本サインが入っている。

希林が献本された時に必ず言う典雅なアイロニーがこもった名セリフ、「あっ、サインしないで。古本屋に売るとき困るから……」。多分、希林はそう言ったと思うが、水道橋は、無視して2冊とも、サインペンでクログロと書いた。

「前の本」の見返しのコピーは、不思議な感じを与えるものであった。「そのとき、『藝人』の存在は『文藝』をも超えた――」。ストレートに解釈して、登場するテリー伊藤、古舘伊知郎の存在が、文芸を超えたというのであれば意味が通じない。この芸人というのは水道橋を指す、ということであれば素直にわかる。

「小説を書く芸人」に芥川賞をとらせたい、というのであれば、もっとわかりやすい。多分、同じ頃、文藝春秋の文芸部門誌「文學界」は、芸人、又吉直樹に、小説を書いてくれ、というオファーを出していた、と思う。

又吉は、すんなり芥川賞をとった。水道橋の担当編集者は、又吉の対抗馬として水道橋に期待していたが、それはかなわなかった。

水道橋は、エンターテインメント・ノンフィクションなどと、まわりくどいことをいってないで、ストレートに小説を書けばよかった、と思う。

又吉が、舞台脚本家志望の無名の若い男の青春の彷徨を、肩の力を抜き、リアルにあざやかに書いた『劇場』のように、普通の人でありながら、どこかオカシイ三又又三を主人公にして小説を書けばよかったのだ。水道橋は、週刊誌連載に目がくらんで、ヘンな方向へ猪突猛進してしまった。

『老いの思想』

―古人に学ぶ老境の生き方―

安西篤子

草思社

「ああいう年寄りにはなりたくない」というテーマで古今東西の大作家、思想家、詩人、剣豪、女帝、学者、中世の芸能者12人の生涯を追って、現代に生きる高齢者に参考にしてもらおう、という本。

希林も、60歳で網膜剥離になり、この頃から自分の「老い」について考えはじめる。この本も、その時期に買って保存された。

「徒然草」で有名な吉田兼好。兼好法師の項の「川の中の魚に川は見えない」というところに希林はまず赤い傍線を引いた。安西の解釈は、「会社をやめてみると、あくせく働いた日々はいったいなんだったのかと、反省も批判も生じる」。また安西は兼好法師の教えから、「遺言書は元気なうちにしっかりと書いておくべきである」と。

希林は、亡くなる2年前には、金銭感覚の薄い夫のことを考えて不動産関係の相続問題を、すべてキチンと片づけていた。

『花伝書』で有名な能楽の世阿弥は……。安西の解釈。「誰しも、老いには勝てない。しか

し、これまでに芸能の真髄を会得していれば、余分なものはみな削ぎ落しても、花は残っているはずである」と。現代の芸能人、希林はここにも赤線を。そして花伝書で一番有名な「若年の初心を忘れずして、身に持ちてあれば、老後にさまざまの徳あり」。希林の初心は、なんであったろう。〝老後に……〟の所だけに赤線。

ゲーテ、孔子、則天武后、李白の項にも、彼らの波乱万丈の「老い」については記されているが、74歳のゲーテが19歳の娘に求婚という事実を教えられても、我々凡人には老いの知恵はでてこない。希林も、外国人のところには、一本の赤線も引かなかった。

それよりも、江戸時代の名奉行にして随筆家だった根岸鎮衛《やすもり》の『耳袋《みみぶくろ》』が、現代の我々にも耳が痛い。江戸時代の末期には世界最高レベルのカルチャー、民度を持つ隠居が多数いた。彼らの話はどれもみな洗練されていて、タメになる。根岸は『耳袋』に、もと武士で、隠居人の〝老い評論家〟横井也有《やゆう》の狂歌を紹介した。

「皺《しわ》はよるほくろはできる背はかゞむあたまははげる毛は白うなる」
「手は震《ふる》う足はよろつく歯はぬける耳は聞えず目はうとくなる」
「よだたらす目しるはたえず鼻たらすとりはずしては小便もする」
「又しても同じ噂《うわさ》に孫じまん達者《たっしゃ》じまんに若きしゃれ言」
「くどうなる気短《きみじか》になる愚痴《ぐち》になる思いつく事皆古うなる」
「身にそうは頭巾《ずきん》襟巻《えりまき》杖《つえ》眼鏡《めがね》たんぽ温石《おんじゃく》しゅびん孫《まご》の手」
「聞きたがる死にともながる淋しがる出しゃばりたがる世話やきたがる」

老人にたいして、ああしろ、こうしろではなく、その老いの狂の現実をつきつけ、狂歌でやんわりと教える方が、ベストだと思う。希林も、深深としたのか、一行の赤線もなし。

『つまらぬ男と結婚するより一流の男の妾《めかけ》におなり』

樋田慶子

草思社

この自叙伝の最後は、「真ん中は『あった!』のである」で終わる。それは、この本の勇ましいタイトル「つまらぬ男と……」と、まったく逆な結果になったことを物語る。

この「つまらぬ男……」という句は、著者の祖母が常日頃から孫の慶子に、真綿で首をしめるように言い聞かせていた言葉だ。

その祖母は、新橋で有名な料亭《田中家》の女将、というより女傑。その店の客筋が凄い。首相になる前の岸信介、林房雄、高浜虚子、尾上松緑、花柳章太郎、久保田万太郎、中村勘三郎……。キラ星のごとく、というのがオーバーではない。

慶子も、ちいさい時は、ある事情で鎌倉の高級住宅街で生活するようになるのだが、そのつきあう人たちも、菅原通済、藤原義江、田中絹代、尾高尚忠などの超一流の人ばかりだ。

祖母の千穂も、日本初代の総理大臣、伊藤博文の妾だった。千穂が大阪の花柳界で芸者をしていた時、伊藤博文が来阪して、多数の芸者のなかから、千穂を選んだ。それがきっかけで、博文の妾になる。

つまらぬ男と結婚するより一流の男の妾におなり

千穂は、自分の持論通りに、慶子の姉を有名な歌舞伎役者の妾にしてしまう。慶子も、妖怪といわれた後の総理大臣、岸信介に祖母の店で手を握られて、せまられる。祖母の差し金でふたりきりになるようにしむけられ、岸の妾になれという。慶子は床柱に登って難をのがれた。湘南白百合学園を出た慶子は俳優座養成所に入学。同期生には、平幹二朗、藤田敏八がいた。一期上には、仲代達矢、宇津井健、佐藤慶、中谷一郎……。

新劇に進もうとしていた慶子にストップをかけたのが祖母。そして「新派ならよろしい」と祖母が懇意にしていた新派の花柳章太郎の家に連れてゆかれ、弟子入りを許される。

慶子の新派での役者修行の話がまた波乱万丈。新派の愉快なゴシップにあふれている。

筆者（椎根）は一度だけ樋田慶子に会ったことがある。熱海にあった私のマンションに、樹木希林が親友をつれて行く、と。希林と慶子が花火大会の日にやってきた。

彼女は、新橋《田中家》の娘だと紹介されたので、私は、では、三島由紀夫と美智子皇后（当時）が、お見合いした料亭の、とふると、「ええ、そうです」と正直に答えてくれた。しかしなぜか、この自叙伝には、その話は載っていない。後で、希林は、彼女を連れていったのは、椎根さんのマンションを慶子に見せて、気に入ったら、買わせよう、という計画だった、と説明してくれた。

冒頭に記した、「真ん中は『あった！』のである」の意は、慶子の長い芸歴のなかで、いつも高貴な役か、女中か娼婦の役しか、やらせてもらえなかった。私生活でも、ずっと独身を通していたが、60を過ぎてから〝普通の男〟と結婚した。舞台で一度も演じなかった〝普通の人妻〟になれたことを、実生活では「真ん中はあった」と慶子は書いた。

『歌集　美しく愛《かな》しき日本』

岡野　弘彦

角川書店

タイトルの「愛《かな》しき」は、なんとも切ない日本という意味。東日本大震災と原発事故の前後の作品600首でまとめられた。岡野弘彦は高名な歌人。釈迢空《しゃくちょうくう》（折口信夫《しのぶ》）に師事した。

希林は、学生の頃から、和歌にかぎらず「詩」に興味を寄せていた。その当時から、特に、釈迢空の歴史観と歌に親しんでいた。雑記帳に、釈の日本人観を書きとどめている。岡野とは戦後70年のドキュメンタリー番組で知りあった。

この本にはさまれていたメモ紙に、「平成二十六年九月九日　月見の夜　岡野先生、Aさん、Fさん」と「歌会」の日が記されていた。

岡野先生とあるので、歌もつくったか、と思われるが、まだ一首もみたことはない。俳句に比較して和歌は、古語、日本の神話、古代文学もでてくるので、はい、つくりましょうとは、いかない。

希林は、この本の17首の歌にサーモンピンクの傍線を引いた。岡野からの献本だった。

世の創めの　女男の訣れはすさまじき。

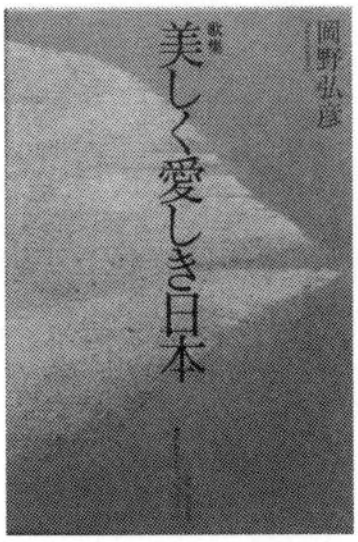

言の葉すらや　火《ほ》むらだちくる
（古事記、日本書紀ででてくるイザナミの激しい行動に、岡野は、彼女の言葉からも火が激しく燃えたつようだ、と。だちくるは育てるの意）

亡きのちの世を　つばらかに語りいでて
しづけき顔は　キリストに似る
（釈迢空の死の前年、岡野は、師と軽井沢で一夏をすごした。国粋主義者で国文学の代表者の顔に、異教をみるとは。つばらかには、まんべんないことの意）

火山列島に祈る
山は裂け　海や死にする　人や死にする
死すれこそ　人は祈りて　ひたぶるに生く
（釈がはじめた長歌形式で。東日本大震災後の日本人を、切ない気持ちで見守った。ジョン・レノンの「スタンド・バイ・ミー」の詩も、同じ〝山はくだけ、海は……〟だった。ひたぶるには、しゃにむにという意）

怒りすらかなしみに似て口ごもる
この国びとの　性《さが》を《を》愛しまむ
（性は、さがと読む。どうにもならない性質。テレビの画面を通しても、あふれでる悲哀。口ベタの東北人。だからよけい哀しい）。
希林は、17首に傍線を引いたが、筆者（椎根）が、4首選んだ。

『ゴータマ・ブッダ』

――釈尊伝――

中村 元

法蔵館

〝はしがき〟に中村元《はじめ》は記した。「ゴータマ・ブッダ（釈尊）が、実際にどのような生涯を送ったか、そのあとを能う限り明らかにしようとするのが、この書の目的である」。

誕生。日本では、「おしゃかさま」というが、〝しゃか〟は釈迦族を意味するので、正確には、〝釋尊《しゃくそん》〟が正しい。仏教の開祖個人という時は、ゴータマ・ブッダという。ゴータマが姓である。

父の名はスッドーダナ。〝浄《きよ》い米飯〟という意味。母の名はマーヤー。ネパールの国境に近い、インドのパダリヤで誕生。時に西紀前624年。

幼年時代。釋尊誕生の7日後、母、マーヤー夫人は死す。釋尊は、幼少時代を「わたしは、いとも快く、無上に快く、極めて快くあった」と。

結婚。釋尊が16歳で結婚した相手は、ヤーショダラー。子どもの名は、ラーフラ（男）。

家を出る。釋尊は29歳になった時、王位をすて、真理を求め人生の問題を解決しようと、出家した。

求道。釋尊は修行中は、「眼を下に向けて気をつけている」。これは出家遍歴者の作法で、路上の虫けらをさえ踏み殺さないように。

究極の解脱とは識のはたらきの無くなることである。その説明「〈苦しみは識に縁《よ》って起るのである〉と。この患いを知って、〈識を静かならしめた修行者は、快《かい》をむさぼることなく、やすらぎに帰しているのである〉」と。

「不断の精進、誘惑に対する七年間の不断の抗争」が釋尊の降魔＝克服であった。

真理。釋尊は、ウルヴェーラーの、アシヴァッタ樹の根もとでさとりを開いた、と。これは正覺《しょうがく》と呼ばれる。

「『平静であり、念あり、安楽に住《とど》まっている』と説くところの第三禅を成就していた。（次いで）楽を捨て苦を捨てるが故に、先に喜びと憂いとを滅したので不苦不楽であり、平静と念とによって清められている第四禅を成就していた」と。

晩年。釋尊は竹林村へ行き、そこにとどまった。

「行け、汝ら修行僧よ。ヴェーサーリのあたりで、友人を頼り、知人を頼り、親友を頼って雨期の定住に入れ、わたしもまたここの竹林の雨期の定住に入ろう」と。

臨終。死をまじかにひかえて、ブッダはパーヴァー村の鍛冶工チュンダのきのこ料理を食《め》して、激しい下痢におそわれた。これは、筆者（椎根）の推測だが、幻覚きのこではなかったか。毒きのこだったら、すぐ死に到るはず。マジックマッシュルームズだったので、歩いて臨終の地までいけた。

そして、クシナーラーへ行き、そこで、入滅をむかえた。西紀前５４４年。希林はこの本を72年に買い求め、朱で「内田蔵書」と印を押した。俗人が読んでも、実に面白い！

『曾我蕭白』
新潮日本美術文庫12

新潮社

希林の百冊のなかで、絵画集は、これ一冊。それにしても、蕭白《しょうはく》とは。この画集のオビには〝無頼の画家〟とある。彼は、異能、異端、狂者（道教では、位が高い）ともいわれた。いずれも、希林が好きになる人物につけられる形容詞である。蕭白自身も、そういう奇矯な態度を好んでとった。

蕭白と同時代、18世紀中ごろの画家に、伊藤若冲がいる。蕭白も、若冲も、京都の商家に生まれている。現在は、花鳥風月の若冲ブームだが、ふたりとも、明治の末期ごろに世に名を知られはじめた。

蕭白は、唐の末期ごろ発展した、道釈画《どうしゃくが》の影響を大きく受けた。釈迦や仏・道教の諸神、鬼神、仙人などをおもな画題とする。そして道釈画は表現の変化と豊かさを、画家に求める。

まず蕭白の代表画、「群仙図屏風」。解説の狩野博幸は、こう評する。

「何を目的としてかかる破天荒な、もっといえばベラボウな屏風が描かれたのだろうか。（略）この屏風が表現してしまった絵画世界は、ちょっと度を越していいはしまいか。（略）い

まひとつの代表作である《美人図》は、〝狂気〟を描いているが、この屏風はそれ自体が〝狂気〟である」と。

現代の美術評論家からみても狂気の絵といわせる所に、複雑怪奇な新しさがある。

まず、人物の表情が、現代的個性を持っている。龍に乗った人は、クビと宣告されたサラリーマンの顔。その右側の人物は、もう完全に放心状態の顔。そのすぐ脇の、豪華な真紅の衣裳をまとった、位の高そうな人物の表情は、手に持つ楽器のようなものにしか興味を持てないオタク的な表情。そのうしろは、ただひとり正気の目を持つ浮浪者風。

蕭白は、日本人が好きな画題、「寒山拾得図」も描いている。中国の高僧ふたり。悟りきった名僧には描かず、欲もたっぷりある、俗悪な顔に描いた。黒々と鼻毛までも。亡くなる直前の、希林の最後のコメント「細い糸一本で……」にそえられた自画像の顔は、蕭白描く〝もっと老いた寒山〟にそっくりだった。

蕭白の「雪山《せっせん》童子図」も希林は注目しただろう。画題は、「涅槃図」の説話からとられている。雪山は釈迦の子供時代の名。腰巻をまいた童子が怪奇な木の上から、下にいる青鬼めがけて飛びおりる寸前の絵。涅槃経では、自己を犠牲にしても世のために、命を捨てよ、と教えている。しかし蕭白の童子の目は、アンリ・ルッソーの、「操り人形をもった子供」の怪奇な幼児の目と、まったく同質である。ルッソーの百年前に、日本の画家が、〝素朴〟のなかにひそむ邪悪なものを描いていたとは。希林がこの画集を保存本にしたのも、老いた自画像が、蕭白の寒山に似ていたのも、理由があった。蕭白は、希林も資料本にしていた『三浦大介義明とその一族』の子孫であると、主張していた。希林も自分は三浦大介とご縁があるかも、と密かに思っていた。希林の孫、玄兎《げんと》には画家になる素質がある。

『みちのくの人形たち』

深沢七郎

夢屋書店

坊さんが読経の際に、手に持ってパラパラと謡いすすめる〝お経（本）スタイル〟の小説本。巾7㎝天地18㎝。一面（頁）に27字詰、7行。表64面、裏60面。400字で約58枚の民話・童話のような小説。深沢の代表作『楢山節考』は、死期が近づいてきた老人を、口べらしのために山に放置してくる、という話。この『みちのくの人形たち』は、生まれた直後に、あの世に戻される赤子《あかご》たちの話。

ある日、深沢らしい、純なココロを持った主人公が家にいると、「ここの、畑の土をみせていただきたいです」と東北弁丸だしの、35、6才ぐらいの男が訪ねてくる、その男は、「純粋な生活」を物語る「きょとんとした澄んだ黒い眼つき」をしていた。

そして、「もじずりを持ってきて植えます」と土を見に来た理由を説明する。主人公は、なんのことかわからないので、首をかしげていると、男は、「みちのくの、しのぶもじずり誰故に、の、百人一首の」という。

そして〝もじずり〟というのは山草ですという。山のもじずりは、土を嫌って、どこへ植

えてもいいというのではない、とも。

7月、8月頃、もじずりは花を咲かせる。だから、その時期に私の家に、お出かけ下さい、何日でもお宿します、といって帰って行く。

友人のライトバンで、東北の、その男の家をめざすが、なかなかたどりつけない。案内をこうた土地の人は、その男のことを「ダンナさま」と敬称付きで呼ぶ。

この中編小説は、このヘンから、すこしミステリー調になる。

男とその妻と3人で夕食の膳をかこんでいると、客があり「急に、産気がきたようです」という声が聞こえてくる。そのために屏風《びょうぶ》を借りにきたのだと夫婦は説明する。

あくる日、主人公は、屏風を借りにきたまた別の家に行く。お産した部屋の屏風は、さかさまに、逆にたてられていた。それは、お産がある家が、産婆さんに、生まれた直後の赤子を、あの世に返して欲しい、というサインだった。産声をあげる前なら、犯罪にならない、という諒解が村人共通にあった。それほど貧しい集落の、悲しい歴史がつづく困窮の現実。

その他の余分なものは、何もない小説。純粋な魂を持つ深沢の文章を、希林は、お経を読むように、童話を読むように何度も何度も読んだことだろう。

最終節に、「私は浄瑠璃の〝いろは送り〟の語りが浮んだ。いろは送りは幼い子の亡骸に焼香する語りなのだ。」とあった。「〽いろは書く子の散りぬるは、この世のひかりつねならむ、憂き山河をこえぬるも、こええぬも、この世の夢は露ならむ」

裏の61面に、深沢の献本の辞が、極細の万年筆で、几帳面な書体で、「樹木希林さま——この一篇を我が心の友のかたがたに捧ぐ　深澤七郎」とあった。

『いちばん大事なこと』
――養老教授の環境論――

養老　孟司

集英社新書

環境問題はむずかしい。誰の話を聞いても、腑に落ちない。そこであの養老先生の登場である。先生は解剖学の大家である。何十年も内臓を見てきた。腑はは《はら》わたの意味。腑に落ちないわけがない。

先生いわく、「人間の体は自然に属している。（略）どれほどの人がそれを実感しているだろうか。『人工』とは意識がつくり出したもので、『自然』とは意識がつくらなかった世界である」。

人間の体は、勝手にできたものだから自然に属している、と。さらに、意識がつくり出した世界、頭で考えてつくった世界を、先生は「脳化社会」である、と。具体的には都市のことをさす。であるからして、「自然がつくった人間の体と、脳化社会はあちこちで矛盾する」。そして「自分を自然の一部だと見なしたとき、そうした自分を、どこまで我慢して受け入れられるだろうか。環境問題を考えるときには、じつはそこが出発点になる」と。

希林と筆者（椎根）は環境問題について、すこし話し合ったことがある。きわめて短時間

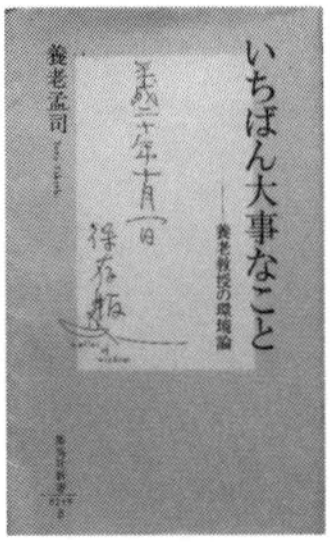

だったので、そのときはわかったような、わからなかったような不思議な気持ちになった。

希林は、この本の表紙に大きな字で「平成二十年十月一日　保存版」と気合の入った書体で記した。よほどこの本に感銘をうけたようだ。保存版と自分の図書管理システムを記してあったのは、この本だけだ。この新書版は、水分を吸ったようにふくらんでいた。仕事で外へ行く時も持って行ったのだと思う。

赤い傍線は2ヵ所だけに引かれていた。

「特定の農薬に対する耐性をもつ遺伝子をトウモロコシに入れ、その農薬を撒けば、トウモロコシ以外の植物は死んでしまう。（略）システムという観点から見ると問題が多い。（略）自然界に存在しないトウモロコシが栽培されることで、周囲の植物や、土壌生物、昆虫などはどんな影響を受けるのか。この遺伝子が他の植物に入り込んでしまったらどうなるのか。こうした問題がすべて解明されたわけではないのに、遺伝子組み換え作物が栽培されている」。第一の赤線は、上記の文章に続いた次の文章に引かれている。

「遺伝子という固定された情報だけで、生物を操作することの危うさは、言葉で国民を操作したヒットラーのやり口に似ているのである」。

もう1ヵ所は、「アンブロワーズ・パレというフランスの有名な外科医は、『手術は私がするけれども、いやすのは神だ』といった。悪いところを手術した後、治っていくのは患者の体の勝手である」と。赤線が引かれていたのは二重カッコのところ。養老先生は、日本の場合の解決策を提示する。江戸時代の参勤交代制度を現代のサラリーマン社会に導入する。「身体という自然、それを使うことを覚えなければならないからである」と。具体的には、1年の3ヵ月は田舎で暮らし、9ヵ月を都会で会社勤めをする、と。

『金子光晴 草野心平』

――日本詩人全集24

新潮社

ふたりの大詩人が、あわせて一冊の家に入っている。この家を訪ねた人は、どちらの名前を口にするのだろう。

金子光晴は、東南アジア・欧州大貧乏旅行の際、女衒《ぜげん》（女を遊女に売ること）スレスレのことを考えた。それも自分の妻を。彼の詩には「混沌とした虚無的世界」が、腐乱に通じる耽美の世界がある。金子光晴には、なんとなく希林の夫、内田裕也に似ているところがある。

樹木希林は、多分、心平さん、と声をかけたのだろう。草野心平には、そういう金子の不健康なところはすこしもない。赤貧の生活を送りながらも、その詩は、生きることの苦味をうたいながら、つき抜けた明るさがある。妻子をかかえながら、一合の米も買えない時、心平は、岩手に住む宮沢賢治に「コメ一ピョウタノム」という電報をうつ原始の明るさがあった。

「火の車」のうた

火の車。

昨日も今日も火の車。
道はどろんこ。だけんど。
もゆる夢の炎。
「富士山」
遥かとおくに。
ギーンたる。
不尽《ふじん》の肉体。
厲《はげ》しい白い大精神。

心平が、自然を、素朴な習俗を、草木や蛍、蛙、鯰をうたう時、すさまじい擬音が聴こえてくるらしい。その例。

「ぐるるっ　ぐるるっ　いいいいいいいいいいいい」。「ぎゃわろっぎゃわろっぎゃわろろろろりっ」。この「ぎゃわろっ……」は17回もくりかえす。

その音は、人類の記憶にない原始の物音だ。そのリフレインを読んでいると、なにか、人間が生まれる前の時代の鼓動を感じる。希林は、その地球の中心にあるマグマのアタタカミのようなものを感じて、シアワセな気持ちになったのだろう。

この詩集を買ったのは、裕也と結婚し、2年たった75年頃。ふたりは別居生活という形式をとる。そのさびしい生活を、心平の元気な原始時代の匂いもする詩に、いやされた。

こんなマグマのアタタカミのある詩は、何度も読み返さなくてもよかった。そばにあるだけで安心できた。そのアタタカミのなかで、也哉子を、みごもった。

『俳優探険』

渡辺保 文　大倉舜二 写真

駸々堂

「俳優探険」というタイトルだが、女優も47人登場する。男優が37名。著者の渡辺保は著名な劇評家。終戦後の歌舞伎からはじまって新劇、小劇場、ミュージカルまで、ありとあらゆる舞台を観てきた。大倉舜二は才能あふるる写真家。全84名の、素晴らしいポートレートが、ひとり残らず掲載されている。この〝探険〟は88年から2年間毎日新聞に掲載された。壮観である。文章も、写真も、男優の滋味も、女優の美貌も、老いも。

渡辺の文は、人をほめる時の手口の多さ、欠点を、本人が傷つかないように指摘する間口の広さに驚かされる。人がヒトを語る時の、むずかしさがよくよく理解できる。渡辺は、自分の眼で何千の舞台をみた過去の経験を総動員して評する。これほど覚めた精神で、舞台をみた評論家はいないだろう。渡辺の文章は死期の近い名優の舞台をみせられているような厳粛な気持ちになる。それが〝面白いと思ったことがない〟山田邦子論であっても。

渡辺は、こう書く。「(山田の自己戯画化) こういう行為が在来の演技のあり方、芝居というものを空無化してしまうのは当然であろう。芝居の解体。これがテレビというメディアで

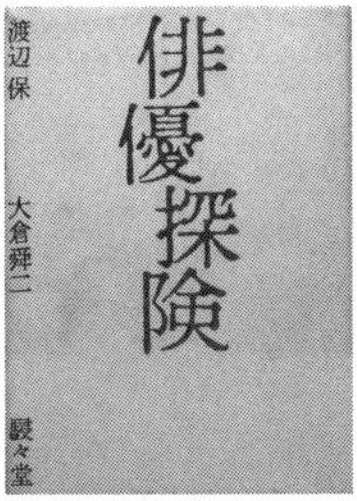

育った、一九九〇年代に生きている『俳優』の新しいタイプかもしれない」。

樹木希林の頁では、渡辺は女優論はしない。ただテレビ「美空ひばり物語」で、ひばりの母、加藤喜美枝を、希林が演じた、と。渡辺は、「樹木希林のおっ母さんは実によく現実の加藤喜美枝の特異さをあらわしていた。一挙手一投足、その人に生き写しであった。全身、これひばりのおっ母さん」と。これは女優論ではない、いち熱烈なファンのセリフである。そして、「ドラマをみているという気がしなかった。私が四時間もの長い間テレビの前に釘づけになった理由は実にここにある」。

ここまで渡辺に手ばなしで称賛されたのは、この本で希林だけである。続けて、「扮装から心まで、こういうふうになにかに似せるという情熱を、こんなに激しくもっている役者は珍しい。(略)だから形から心までその役になり切るという情熱がもはやだれにもないのである。(略)みているうちに私は往年の新劇の名優千田是也を思い出した。千田是也も凝る。牧師になれば牧師そのもの、乞食になれば乞食そのもの、その描写は細密を極めている」。千田是也は、希林が文学座の研究生になった当時の新劇界の大立者だった。希林は、新劇界にサヨナラといい、あれほど、新劇人にさげすまれていたテレビ界、ＣＭ界に自分の居場所をみつけた。渡辺は、最後に、希林の、「あの演技をもう一度、今度は舞台で是非みたいという気がする」と書いた。

大倉舜二が撮った希林の写真がいい。どこかの入口前で、ポケットに両手をつっこんだままの姿勢で、アホのように、口を半開きにして、どこからみても女優らしくない顔がそこにあった。素顔という演技をしている時の、計画的素顔である。

幻冬舎

『人生の知恵袋』

―ミスターと7人の水先案内人―

長嶋　茂雄

あの長嶋が、インタビューのホストになり、「私たちが、人生のいろいろな場面で、浅瀬に乗り上げてハプニングというような事態になるのを防いでくれるのではないでしょうか」と、マジメに、あたり前だが、相つとめた対談集（04年）。長嶋68歳の時。

相手は、美輪明宏、五木寛之、渡辺恒雄、森光子、石原慎太郎、樹木希林、日野原重明という超大物ばかり。希林が一番年少者。

あとがきで、長嶋は希林をこう記している。

「樹木希林さん、収録中は笑いの渦でした。何かもう子供のようになったかと思えば、しなを作ったりして、あれだけ存在感がある役者さんなのにね、大変恐縮しました。不幸にも網膜剥離という病気になられて、（略）我が身の不自由さに仕えるというご立派な決意をされたからには、頑張っていただきたいと思います」と。

この04年、61歳になった希林は、映画「半落ち」に出演。同作の演技で、第28回日本アカデミー賞優秀助演女優賞、第59回日本放送映画藝術大賞優秀助演女優賞などを受賞。。対談

を終えて、長嶋が、「あれだけ存在感がある役者さんなのにね」と評していたが、この頃から、希林独特の存在感を世間に示しはじめていたのだろう。長いこと日本で一番〝存在感〟がある人間として世間に君臨していた長嶋が、太鼓判を押したことは、国がくれる勲章より、はるかに真実味があった。

この頃から、希林は、芸能界のポジションというか、ステイタスを確立したのだろう。希林みずからも、長嶋にＣＭ界、女性部門のナンバーワンとほめられて、「……はぁ、ＣＭの女王じゃなくって、ＣＭの皇太后と言われました（笑）」と希林節をさくれつさせている。

長嶋は、希林が出演しているＣＭをよく見ているらしく、こう語っている。「それに十五秒、三十秒という短い時間のなかで、面白さを表現できるというのは、まさしく『芸』ですよね。普段コマーシャルを見て何かを感じることってあまりないんですが、希林さんの場合は特別でして」とベタ褒めの状態……。希林も、「（略）でも私は、自分に体力がないもんですから、十五秒、三十秒の世界が合ってると思って、それと演劇界の暗黙の差別を感じるとよけいいやるんです、ふふっ」。

長嶋は、さすがに動物的勘の持ち主で、その暗くて深い世界へ会話が流れることをさけた。

希林は、人に会っていて気分がよくなると、なにか〝オミヤゲ〟のようなものをひねりだす。対談の最後に、

樹木「こちらこそ、どうもありがとうございました。あ、あの余談なんですけど、私結婚してすぐの頃ね、夫が長嶋さんの引退ニュースを読みながら泣いたんですって。そしたらスチュワーデスが『どうなさいました？』とやさしくしてくれたんですって。それでその人と同棲始めたんですよ」。長嶋「いやあ、それはそれは（困惑）」。

『最後の晩餐』
―久米宏対話集―

久米 宏

集英社

TV「ニュースステーション」のキャスターとして人気絶頂時の久米宏が、気になる人、好きな人に、1時間半から2時間半のロングインタビューをVTR収録し、それを10分前後の作品として放映した。この本は、インタビューしたほぼ原型の対話をそのまま活字化したもの。「最後の晩餐」を企画したのは、久米が50歳になった頃から「死生観」が変わったような気がしたから……、と記している。

対話相手は、いかりや長介、内田春菊、大石静、大橋巨泉、樹木希林、ジャイアント馬場、葉月里緒菜、ミヤコ蝶々、美輪明宏の9人。テレビ番組らしく、どういう基準で選んだのか、わからないような人選だ。そろそろおむかえがきそうな人ばかりでもない。葉月里緒菜という若い女優も、最後の晩餐だから、ゆで卵などと答えている。ミヤコ蝶々は、「おむすび一つでもええのん、違います?」とはぐらかす。

希林との対話では、久米は、とうとう最後まで「最後の晩餐は?」という質問の言葉は出なかった。出なかったのではなく、言えなかった。

途中で久米は、「希林さんって、インタビュアーに質問するのがお好きなんですか？」などと愚問を発する。希林は、サラリと「うん、自分にはあまり興味ないから、有名人と会ったら、どういう生活してるのかなあと（笑）」とスキをみせて、久米のミス発言を誘い出す。久米は「ぼくは姉が四人いるんですよ（略）」と自分の生家について語り出す。希林は、「なるほど」「そう」「うん、うん」「わかる、わかる」「いやあ」「なるほどね」と久米の止まらない喋りの間に、簡単にあいづちを打つだけ。

久米が「僕は五十過ぎたあたりで、いつ死んでもいいなあという感じにはなりましたね」とまき餌のような発言をすると、樹木「そうですか。話、違っていいですか？」と久米の話を断固としてさえぎり、あらぬ方へ会話を変える。樹木「久米さんってさあ、三浦和義によく似てるなあと、前、思ってたのね」。久米「ミウラカズヨシさんって……」。樹木「サッカーじゃなくて、ロス疑惑の。それで、友達が彼のドラマ『疑惑の銃弾』をやるときに、誰かぴったりの人いないかって聞くから、絶対、久米さんだって言ったのね。あの人、いい男なんですよ。器量の悪い男じゃないんですね」。久米「ご存知なんですか」。樹木「よく知ってるんです。でも、こうやって見てると、久米さんは人前に立って、毎日、毎日、『ニューステーション』をやって、いろんな反応も受けながら、だんだん、だんだん自分を見ていくんでしょうけれども、やっぱり、ある意味で磨かれているんだなあと思って。もちろん、根本は三浦和義には似てないですよ。でも、もう『ロス疑惑』はできないなっていうふうに思うんですよね（笑）」久米「ちょっと聞いたんですけれども、それ、実現寸前までいった企画なんですって？」。樹木「そうそう」。希林の、あげたり、さげたり、飛んだり、久米をホンロウする会話術。

『愛のヨガ』

ルドルフ・V・アーバン著　片桐ユズル訳

野草社

フォン・アーバン博士は、ウィーンでフロイト心理学を学び、その後、東洋に興味を持ち、独自の性理論、「愛のヨガ」を打ち立てた。

アーバン博士のセックス理論は、理想的なカップルが、理想的な状況でセックスした場合、女性の体からオーラのような光線がでる、と。それは、〝生体電気〟の変化がおこるから、と。ヒッピー世代は、それを〝バイブレーション〟と呼んだ。

そういう理想的な状態に達するために、男は、すくなくとも半時間、射精を延ばせるようにならなければならない。挿入の前にはふたりの性器を半時間触れあわせること。また、挿入が半時間以下で終わってしまったら、1時間以内にもういちどくりかえされなければならない。もし完全な性交が半時間以上つづけば、若いカップルでさえ、5日のあいだはくりかえしてはならない。1時間続けば1週間もつ、2時間なら2週間、3時間なら3週間。

性交のあいだ男は妻にのっかってはいけない。男の体位は〝開いたペンチ〟のようにと。どんな状況であっても、ゴムとか魚の皮の避妊具はさける。自然な避妊法である「周期

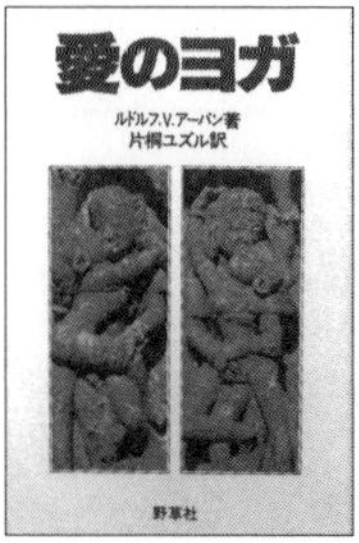

法」がよい。おしゃべりはいけない。男は、女のクリトリスへの刺激を避けよ。

希林が、この本を手に入れたのは02年。裕也との結婚は、29年経過していた。75年頃から別居生活がはじまった。それ以来、ほとんど夫婦生活はなかったので、この本は、まったく必要のないものであった。也哉子も誕生して26年。

それが、なぜ、この本を、残したか、という疑問を持ちながら読み進めると、赤線が引いてある所、ページが折られたままのところが、1ヵ所あった。

赤線のところは、「どんな条件があろうとも、子どもをなぐるべきではない。正しい教育には、ぜったいそんな手段は必要ない。ほとんど例外なく、なぐった結果は、大なり小なり、子供の性的発達の第一期にある、サド・マゾ的傾向の固定となってあらわれる。暴力は子どもを恐れさせ、自尊心の発達を妨げ、かつ一方で、快感を生じさせ、それが無意識にのこりつづける。なぐられることに慣れてしまった子どもは、ついにはなぐられるように挑発するような行動を身につけてしまう。自分では、なぜそうしてしまうのかわからないのだ。親は、その行動をかたくなだとか、ひねくれているといいがちだが、それは、実はからだの緊張をゆるめるための切実な願いなのだ」。

折られた頁には、「子どもをしつけるまえに、まず自分をしつけること」と。

娘、也哉子は、父親との生活は、ほとんどなかった。そして結婚し三人の子どもができた。希林は、もし必要があれば、也哉子にアドヴァイスできるように、孫の性教育ができるようにと準備をしていた。だからこの本が残された。

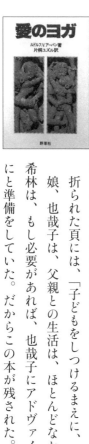

『女神』

久世 光彦

新潮社

TVドラマ「時間ですよ」、「ムー」「ムー一族」のディレクターとして一時代をつくった久世光彦が、小説家に転向して、いよいよこれからという時に、急逝した（06年）。死の三年前に出版されたのが『女神《じょしん》』。〝ムウちゃん〟という銀座ホステスの30年近くの伝説的人生を、熟練の筆でまとめあげた。

本のオビには、「あたしは〈文芸〉の男たちに愛され、求められ、奪われ続けた——」とあるが、奪われたのは、お金ではなく、ムウちゃんの肉体である。惹句は続いて、「昭和文壇の裏面を生きた女　坂本睦子を描く傑作長篇」とある。

「文芸」の男たち、というのは、直木三十五、菊池寛、小林秀雄、中原中也、坂口安吾、河上徹太郎、大岡昇平。文壇の主流のメンメン。ムウちゃんこと、本名、坂本睦子は、上記の固有名詞の名士たちと、全員、もつれた肉体関係を持っていた、と。前半は、名士たちは、植村、結城、草平と仮名で登場するが、後半は、実名ででてくる。

巻頭の部分は、ムウちゃんが自殺を決意して、明日の服毒自殺を前にアパートの部屋を掃

除するところからはじまり、最終章は、自殺が首尾よくはこび、お棺の蓋が閉じられる寸前まで、ムウちゃんは、あの世へ行きながらも、意識がはっきりしているとの設定で、通夜の客—自分を愛してくれた名士たち—の、品定めをする、という久世のTVドラマ風の、手のこんだ構成になっている。

第三章〝あたしたちの黄昏〟がすばらしい。虚虚実実の文章というか、鬼気迫るものがある。ムウちゃんの親友として白洲正子が登場するが、彼女の水際だったさばき方、追悼の仕方が、この本にある落ちつきを与える。

久世が描く正気の睦子は、自分の浮気相手の男たちの奥さんについて、1ヵ所だけ感想をのべている。「そんな立派な連れ合いがいらっしゃるのに、河原崎さんはどうして長いこと家を空け、難しい顔をして銀座で酔い痴れ、あたしの体に縋《すが》って泣いたりするのでしょう。(略)みんなお家《うち》にはきれいな奥さんがいらっしゃる。(略)男の人たちは明日にもその出来た奥さんと別れると言います。みんなおなじでした(略)」。

この所を読んだ時、筆者(椎根)は、「ムー一族」打上げパーティでの希林の爆弾発言を思いだした。希林は、そのドラマに出演している新人タレント、のぐちともこと久世が、不倫の関係になっている、と暴露してしまった。それ以来、名コンビ、久世と希林は絶交状態になった。久世は、この本にでてくる名士たち、とちがって、前夫人と別れ、ともこと正式に結婚した。希林の爆弾発言の裏には、久世前夫人から希林にしばしば相談の電話があった。ともこには、この本の主人公、ムウちゃん以上の魅力があったのだろう。ただ、久世が急死して、しばらくすると、ともこは、銀座の〝雇われママ〟になった。久世の銀座での借金の肩がわりに……、と噂された。でも、ともこには、奇麗な文章を書く才能があった。

『永い言い訳』

西川 美和

文藝春秋

希林は、このタイトル「永い言い訳」をすごく気に入っていた、という。西川と希林は、よく食事などもしていた。

希林は、いつも、映画の原作をさがしていた。筆者（椎根）も、なにかいい原作ないかと希林にいわれて、ラテンアメリカを代表する作家、ガルシア・マルケスの「大きな翼を持った老人」をコピーして渡した。しかし、亡くなるまで一度も、マルケスの短編の話の返事はなかった。筆者は、もし映画化するのであれば、海のそばで暮らす老夫婦の話なので、亭主の方は高倉健、女房は、希林が演ったらどうだろう。ただし、マルケスは、ノーベル賞作家だから、原作料はバカ高いと思う、といいそえた。

著者歴として、02年映画「蛇イチゴ」でオリジナル脚本・監督に初挑戦デビュー。毎日映画コンクール脚本賞等、国内映画賞の新人賞を獲得した、と記してあった。

是枝裕和監督の「ワンダフルライフ」「DISTANCE」に助監督として参加。西川は、映画監督として、「ゆれる」、「ディア・ドクター」、「夢売るふたり」などを製作

している。

希林は、この〝人間関係の幸福と不確かさを描いた感動の物語〟（オビより）を、どういう気持ちで読んだのだろうか……。

この本を手にした15年頃は、浅田美代子主演で、一本映画をつくりたい、と製作資金集めをはじめた頃だった。

小説ではあるが、脚本として読むと、いかにもすぐ映像化できるような文章になっている。たとえば、「帰りは後ろに乗った灯ちゃんにナビゲートしてもらいつつ、住宅街の道を戻った。行きがけには迷って気がつかなかったが、途中でずいぶん長い上り坂に差し掛かる。すぐさま太腿が張り裂けそうになり、尻を浮かせて立ち漕ぎになる。まだ坂の半分にも達しない。前傾になり、ペダルに全体重をかけているのに、ペダルは固まり、激しくハンドルを左に右に切って、危うくひっくり返りそうになる。灯ちゃんが悲鳴を上げる。観念、ママチャリを下りる。息絶え絶え」。または、

「陽一氏はそのまま居間の小さな仏壇の前に膝をつき、コンビニ袋から栄養ドリンクの瓶一つ、写真立てのゆきちゃんの前に供える。急に黙り、目を閉じて手を合わせるその姿見てぼくはいたたまれなくなり、それとなく帰り支度にかかると、（略）」。

と、ここまで書いてきて、西川自身、この小説を映画化していることに気がついた。15年、西川美和は完成した脚本をたずさえて、本木雅弘に出演依頼の話をした。本木はその脚本を希林に読んでもらい、アドバイスをうけた。「成熟できない人間のほころびのようなものを演じるようになると役者がもっと楽しくなる」と。西川の映画「永い言い訳」は、16年の10月に公開された。主演は本木雅弘。

『中国服のブレヒト』

長谷川 四郎

みすず書房

ベルトルト・ブレヒトは、世界的人気を誇った戯曲作家であった。彼は、ヘーゲルの弁証法を理解しながらも、中国の孔子や異端的な墨子などの古代中国の哲学も研究した。そして西欧の難儀さと、中国の難解さを合わせた戯曲・散文を書いた。

長谷川四郎が、その、やっかいなブレヒトの真相を求めたのが、この本。長谷川は、わかりやすい日本語で、その難解さを分析した。

希林が文学座の研究生になる前から、日本の新劇界で、ブレヒトの人気は高かった。彼の「セチュアンの善人」の上演が大きな話題となった。

難解なブレヒトを、さらに一知半解の文学座一期生の女優たちが、かしましく論じている様子を、希林は小学生の時と同じように、冷ややかに眺めていたことだろう。

ブレヒトの難解さというか皮肉さというところを、長谷川は一節とりあげている。

「人を殺すのに、いろんなやり方があります。腹部にナイフをつきさしたり、パンをうばったり、病気をなおしてやらなかったり、ひどい住居におしこめたり、死ぬほどこき使ったり、

自殺に追いやったり、戦争につれさったり、などなど。われわれの国家においては、このうちのほんのわずかしか禁止されていません」《メ＝ティ》。メ＝ティは墨子のこと。

ブレヒトは、故国のドイツから、ナチス、ヒットラーを嫌って米国に亡命し、戦後、共産主義国の東ドイツで生活した、という経歴でもわかるように、現実の政治体制、現実の指導者たちを、声高な批判でなく、まったりとした寓話として表現した。

この本が出版されたのは、73年だが、文章は、雑誌「みすず」に70年から連載された。希林が、新劇なんてつまらない、と決定的に判断し、蝶類学者のように静かな岸田森と離婚し、ケーハクなTV界に活動の場を移した時期でもあった。多分、希林は、〝ブレヒトより森繁久彌の方が面白い！〟と言いたかったにちがいない。

「およそヒロイックでないモラル。およそ理性にさからう者われにさからう」と長谷川はブレヒトを評したが、つづけて伝記作家エリスンのブレヒト評を引用した。

「個々の話は、時間を厳守する必要（信頼性について）から、宗教、暴力、友情等々に対する彼の態度というような、より深い問題に及ぶところの、彼の基本的な個人的態度の何か一つを表現する。（略）機智に富み、簡素、パラドキシカルで、深みがあり、それは偉大なフランス・モラリストの作品の現代的等価物であって、どこか、ラ・ロシュフーコーの箴言と、（略）」。

ブレヒトの詩。「見慣れたことを見慣れぬように／当たり前のことを不思議なように／原則さえもおかしいと考えて欲しい／簡単に見える小さな動きも不信の眼で眺め／必要かどうかしらべて欲しい／普通のことはなおさらだ」（千田是也訳）

右の詩は、希林の人格・人生訓の一番底にあるものに大きな影響を与えた。

『知恵の悲しみ』

―わがバリエテ―

長谷川 四郎

創樹社

希林に大きな影響を与えた長谷川四郎は、小説家であり、詩人であり、エッセイスト、戯曲作家でもあった。この本の最後に、四郎はこう韜晦した。

「一篇のまとまったエッセーを書こうと思い、それが出来ず、このような断片のまま投げ出すことになりました。つまりは『知恵の悲しみ』という題をかかげて知恵のない悲しみを書いたのです」。鮮やかな才にあふれた文章を書きながら、自分の才は、とるにたらないものとしていた。しかし慧眼の士は、いるもので、66年には晶文社が作品集という名で全集を出版した。希林は、その3巻まで買っていた。

それにしても希林は、人を見る目に定評はあったが、こういう地味な文学系の作品に対しても並はずれた鑑識眼を持っていたとは……。

たとえば、この本の巻頭におかれた小説「コマ太郎」だ。昭和23年頃、まだ敗戦の傷痕がそのまま残されていた日本。ある川のほとりにバラック小屋を建てて、川人夫として生計をたてている一家。仕事は砂利ふるいを主に、なんでもやらなければ生きられない。女房とふ

たりの男の子がいる。砂利ふるいの重労働が終わって、夫は、全裸になって川で汚れを落とし、女房の方はパンツにジバン一枚で川に入り、全部脱いで夫のフンドシと自分のパンツを洗濯。ぬれたパンツとジバンをまた着て家に帰る。ある日、子どもが、小さな犬をひろってくる。川人夫は、黙認し、犬は大きくなる。いつも家の前で、寝ている。しばらくして犬は保健所の人につかまって、保護される。川人夫は自分たちの生活レベルにみあわない金を使って犬を取り戻す。犬は、あいかわらず家の前で寝そべって、横眼をつかって川人夫をにらむだけ。役場の書類には、名前・コマ太郎、種類・雑、形・大、毛色・黒ゴマ云々、とあった。そういう貧しさ以外は、なにもない生活を淡々とつづる四郎の文。

この本のあとがきは、ノーベル賞を貰う前の、めったに他の作家のあとがきなどを書かない大江健三郎が書いている。題は「悲しみについて」──および長谷川四郎アナグラム二種──。「長谷川四郎の、本当に美しく豊かな文章を読んでいると、心が解放されて、自分になにか美しい豊かなものがあるというのでもないのに、本当のことを書きつけたい、という気がしてくる」とはじまる。さらに「《……舌足らずで私は書いたが、作品の魅力は人間の魅力と同じで、ほんのちょっとしたところにあるものだ。》」と四郎の句をひき、続けて、「永い時間と経験をかけて、言葉の力を、ほんのちょっとしたところに輝やかせることができれば、その言葉は詩だ」と。

希林は、常人が見すごしてしまう四郎の〝ほんのちょっとしたところ〟に鋭敏に反応して、6冊も買って、永い時間読み続けた。その〝ほんのちょっとしたところ〟が大事だと気づき、〝チョイ演女優〟を楽しみはじめた。

『長谷川四郎の自由時間』

長谷川 四郎

土曜美術社

〝希林の百冊〟のなかでは、長谷川四郎の本が一番多かった。希林が自分の演技をどうつくりあげるか、という大問題を集中的に考えていた時期が、64年から75年の間。このエッセイ集は、75年に著者の長谷川から希林に献本された。まだ悠木千帆様と書かれている。そういう重要な時期に、一番愛読・信頼している文学者から名前入りで贈られたこの本に希林は感激しただろう。

テレビドラマや、ＣＭで展開された希林の演技は、この11年間で、会得したものと思う。赤い傍線が引かれた句を取り出してみる。

「私はシベリヤで聞いたロシヤのことわざを思い出す。『百年生きて百年学べ』というのだが、それにすぐくっつけて『そしてバカのまま死ぬ』と彼らは言っていた」、「作者のほうには、落語のつもりなどぜんぜんないものを、それを落語と化してしまうような読者が新しい文学を作り出していくのだろう」、「人間関係における『無私』が好きだったのである。滅私ではない無私である」、「首尾一貫していた。もとより矛盾をはらんでジグザグに進むのが首

尾一貫だ」、「花田清輝にはインテリの軽べつするものを持ちあげてインテリを批判するところがあった」、「カルモナの笑っている眼は―むろん、自分自身をも笑っているのであるが―」、「はつらつとした諧謔の精神、自他をつつみこむ笑い」、「ゼニというものは、人間にとって、第六感とも称すべきものであって」、「オランダの女中がデカルトの子供を生んだごとくにである。女中はそういう力をもっているのだ」、「恒産ナキ者ニ恒心アリである」。

花田清輝は著名な文学者。戯曲も書いた。74年死亡。カルモナはイエズス会の僧。来日し織田信長と交遊があった。

上記のカギカッコでくくった文章の真意を、希林は自分の演技にとりこみ、さらに、ケーキのシュガーパウダーのように、長谷川解釈のベルトルト・ブレヒトの渋辛いアイロニーをまぶした。希林の人気を決定的にしたピップエレキバン。

ピップの社長と希林の田舎の駅でのシーン。これはブレヒトあるいは、ベケットの戯曲風に。自分の会社の商品にしか興味のない社長と、無関係な旅行者風をよそおう希林の、交差しない会話が、ふたりを〝非存在〟化し、人格のない商品だけが現実のものになった。

長谷川の演劇論。「われわれが一つの芝居を作っていく、その根底には、なにかしらん、これと似たようなものがあると私は信ずる。そのためだろう、私には舞台そのものよりも、それを作っていくケイコの過程が、さらにいえば、役者やスタッフの生活そのものが、より重要でもあれば、おもしろくもある」。

長谷川の本質は、「重心の低い、茫洋とした無表情にちかい感受性」と本多秋五（評論家）は評したが、それはそのまま希林の演技を評したものと理解できる。そのぐらい希林は長谷川四郎の「無表情に近い感受性」に影響をうけた。

『秘戯』

深沢　七郎

夢屋書店

深沢七郎の傑作小説の登場人物は、皆、〝アンダーグラウンド〟に生きている、ちょっとヘンなところのある人ばかりだ。日本の神話でいう〝根の国〟という所に在住しているとしか思えない。

だから、現代小説を書いても、〝深沢神話〟世界に入って行くような恐さがある。

『秘戯』も、現代の東京駅を四人で出発するが、博多駅に到着すると、ゾロゾロとあらわれる人たちなど、まさに〝根の国〟の住民ばかり。

同行の3人は、「裏方さん」「歌麿さん」「口かずの少ない息子」、と深沢らしい「私」。ゾロゾロと地から湧いてきたような人たちにも根の国住民らしい名がつけられる。「恋ごころ」「師匠」「ハカタミカン」「オランダ人」。「私」は、同行3人に旅の目的をあかさない。歌麿さんも裏方さんも、それでいいと思って参加している。

「私」は数十年前に仕事で博多で暮らしていたことがある。そのころ知りあったのが、出むかえてくれた〝同好の士〟とその師匠だ。

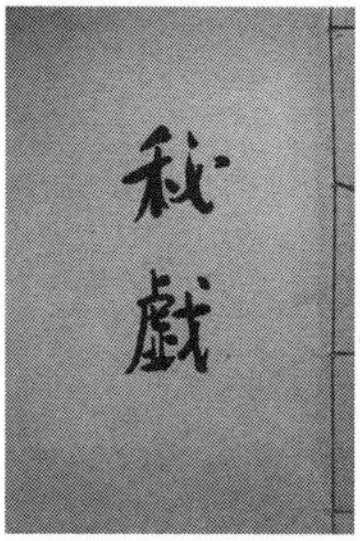

飄逸《ひょういつ》でありながら、いまや全国的な言葉になった博多弁。登場人物同士の会話を読んでいると、根の国の言語は、〝博多弁〟という気がしてくる。

東京からの4人を歓迎して〝水たき〟が用意されている。そして、4人は、「裏側の木の階段を上っていった（略）」。無気味な予感を……。博多の、もと友人たちは、みんな、「私」に対してのお土産のように、お菓子のボール箱を持参している。このあたりから、深沢七郎独特のミステリー感が出はじめる。その導き方も、さりげなく……。「私」は、師匠に、夢ですか？　と尋ねる。

解説がある。「『夢』という題の人形は博多人形の代表的なもので、街の人形屋ではどこでも売っている。飛鳥、天平時代の女人だろう。（略）」

持参した白いハンカチを人形の「夢」の上にかぶせる。そして「夢」の裏側を向けた。

「あッ」と裏方さんが声をもらす。

「連れの三人は、目の前の神秘な性の輝きに打たれて身体じゅうの筋肉は凝固したようにうごかなくなっている。私は師匠の横に戻って座った。『夢』の裏をかえして見つめた。四十年も焼きつけられ、いまも眼に残っているのを再び見つめたのである」。

登場人物は、全員で7、8人。いずれも雑駁《ざっぱく》な人たちばかりで、深沢は、その人たちを話のなかで会話させ、動かして「幽玄な小説」に仕立てあげてしまう。まるで能の名作を見せられていたような読後感。

この本の全頁の上に、朱色のタレ幕のような文様がついている。それは、正確には「天紅」という、と。そして、「この天紅はヌードの女王ヒロセ元美先生が『秘戯』のためにくちづけして下さいました」という説明があった。

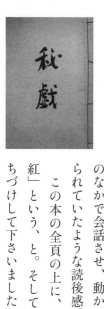

ちくま学芸文庫

『方丈記』

鴨 長明　浅見 和彦 校訂・訳

希林は、やはり恐しいひとだ。普通、方丈記というと、ああ、学校の教科書にでていた、と軽く受け流される古典だが、彼女は、この浅見和彦の『方丈記』が、現代的な角度から鴨長明を照射していることに気づき、読んでしまう感性を持っていた。

長明が20代の頃、京都では、大火・大地震がしばしばあった。安元の大火（1177年）、治承の辻風（1180年）、元暦の大地震（1185年）。長明の凄いところは、単に文章がうまい文人ではなく、安元の大火の時には、焼失現場まで出むき、火元まで特定していること。いまでいう消防署の仕事を、役目上ではなく個人的興味で、方丈記にリポートしている。公卿の家は十六焼けて、都の3分の1を焼失などと。

治承の辻風。今でいう竜巻である。その有様は、樹木は根こそぎ空に飛び、石、砂礫も、人の家も、門、戸、車のたぐいまで、長明の表現によれば、「塵《ちり》を煙の如く吹きたてたれば、（略）かの地獄の業《ごう》の風なるとも」となる。そしてその竜巻の発生地点を「中御門京極」と特定する。長明は、たんなる文人ではなく、現代の防災責任者のように厳密に発生の地点を

調べる。

元暦の巨大地震。震源地は京都盆地の北東部。マグニチュード7・4。95年の阪神・淡路大震災はマグニチュード7・3。元暦の方が大きかった。長明は記す。「そのさま、世の常ならず。山はくづれて、河をうづみ、海はかたぶきて、陸地《ろくじ》をひたせり。土裂けて、水湧《わ》きいで、いはほ割れて、谷にまろびいる」。

現代の気象庁の責任者の発表より簡略にして、リズムがあり、わかりやすい。

長明は30をすぎて、祖母の家を出て、〝庵《いおり》〟をむすぶ。その広さは、一丈四方、つまり「方丈」。一丈は約3メートル。室内は現代風にいえば5畳半ほど。簡易屋根、柱、壁材、床材は、すべて〝かけがね〟で連結されていた。家の移動のさいは、昔の車2台で楽に運べた、とある。浅見は、「長明はこうした建築物を設計、考案し、それを製作してしまうという」現代の建築士のような才があった、と記している。

そして庵の内部を3つに分け、北側に阿弥陀如来の絵を掛け、前の机に法華経。東側に寝床。西には、和歌、音楽の書物、その脇には琴と琵琶を置いた。希林は、読書中に琵琶という文字に出会うと、いつも琵琶奏者の父を思いだして、傍線を引く習慣があった。

長明には、『発心集』という本もあり、そこには長明自身のような「貧男《ひんなん》、差図《さしず》を好む事」という話がある。主人公は、家の差図（設計図）を描くことを楽しみにしていた、と。

希林も長明と同じ趣味を持っていた。朝、新聞にはさみこまれた間取り図入りの不動産広告を見ながら、「私だったら、この居間をコチラに……」などと考えるのが大好きだった。それも自分所有の家を何軒ももった後で、不動産広告に目がいく、というのは、先天的に不動産に興味を持っていたのだろう、鴨長明のように。

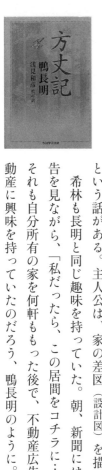

『乱歩の軌跡』
——父の貼《はり》雑《まぜ》帖《ちょう》から——

平井 隆太郎

東京創元社

著者の平井隆太郎は、探偵小説、ミステリー界の大巨人、江戸川乱歩の長男。

希林の百冊のなかに、『乱歩の軌跡』が入っていた。希林は、探偵小説、ミステリー本のファンでもなかったし、どうしたのか、という疑問がわいてきた。

彼女が、保存版として残した動機は、きっかけは、なんだろうと考えた。まず雑誌「新青年」に乱歩の探偵小説が載ると、その挿絵は、妖美派の画家、竹中英太郎が描いていた、という知識はあった。希林はルポライター竹中労（英太郎の長男）と親しく、英太郎の絵に興味を持っていたので……。しかし本書に掲載された乱歩の小説の挿絵は、岩田専太郎ばかり。英太郎の絵はでてこない。

そうすると、乱歩の「貼雑帖」に、その秘密が隠されているかもしれない。

そもそも乱歩の「貼雑帖」とはどんなものか。解説に、第二次世界大戦下、小説の執筆を封じられた乱歩は、収集した資料を3冊の貼雑帖にまとめた、と。自らに関する新聞雑誌記事、手紙やチラシ、メモを貼り付け、職業遍歴や転居の記録まで克明に記した風変わりな自

伝、といったものだ。戦後は、昭和37年分まで6冊残された。

そのレイアウト、書きこみ、自筆イラスト類は、あくまで乱歩自身の手になり、彼の美学に准じて構成され、緻密というより偏執狂的な図解入り自伝となった。

特に、綿密な「間取り図」が19枚も入っていて特異な印象を与える。それは明治41年の中学時代に家族と住んだ家からはじまって、昭和9年に手に入れ、終の栖になる池袋の大邸宅まで、その図には、一緒に住んだ家族、書生の名前入りで、「四半」（四畳半）などと広さが、テーブルと机のあった場所、家族の誰が、どこで寝起きをしたかまで記してある。全軒いわゆる昔の仕舞屋風の家なのだが、その正確な間取りまで記してある文献は、日本中さがしても乱歩の「貼雑帖」しかない。貴重な資料である。

乱歩は、副収入を考えて、奇観ともいうべき建物もつくった。全31室という旅館下宿「緑館」。その精密無比な間取りをみるだけで、その威容がわかる。内庭があり、それをかこんで回廊式の廊下があり、敷地にある花壇、池まで気持ちよさそうに乱歩は描いている。乱歩も家族とともにそこに住んだ。

世の中には、乱歩のように〝間取り〟に執着とエネルギーをそそぎこみ、そして、いつか手に入れようと夢想すること自体が、たとえようのない楽しみ、という人間がいる。

希林も、そういう〝間取り〟を見て夢想する趣味があった。希林が、本書を保存版にしたのは、乱歩手描きの稀少で、第一級の精妙な間取り図が入っていたからだろう。

乱歩の夢は、土蔵つきの家だった。池袋の家には土蔵があり、書斎兼応接間として使用したが、冬の寒さは耐えがたかった。希林も、乱歩と同じ失敗をした。南平台の家をつくった時、野天風呂をつくったが、裕也は一度も入らなかった。希林も蚊が多くて入れなかった。

『劇場』

又吉 直樹

新潮社

又吉のデビュー作『火花』が発表された後であった。希林は、又吉の別のある文章を読んで、この人は、作家としての素質があるかもしれないと思い、対談することにした。

希林は、いきなり、「友達が『火花』はよくないっていってたわ」と切り出し、又吉が、へぇーという顔をすると、「だれでも、おもしろいと感じるような小説でなくてよかった。ある人はホメ、ある人はけなすぐらいが丁度、いいのョ」といった。

又吉は、そういういい方、ほめ方があるんだ、と感心したという。

希林の百冊には、村上春樹の本は一冊もなかった。又吉の『火花』もなかった。小説は、自分が本当に、いいと思ったものしか残さなかった。

『劇場』は、下北沢の演技好きで、〝劇団ごっこ〟をやっているような若い脚本家志望の男と、ナンパされた地方出身の女の出会いと別れの話。その背景に〝劇団ごっこ〟のゴタゴタがあるだけだ。ドラマチックなことも、ロマンティックなことも、セックスシーンさえも、ない。

どこがいいかというと、なんでもない、ごく普通の日常的なことが淡々と描写されているのだが、細部の書きかたに、又吉のオリジナリティがあってあきさせない。ケータイのだし方も、それ以上でもなくそれ以下でもなく、うるさくない。

たとえば、「『最も強い格闘技のジャンルはなにか？』という会話と並列で、『最も強い芸術のジャンルはなにか？』という話になった。（略）数日間の議論の末に二人で出した結論は、最も強い格闘技が絵画で、最も強い芸術がボクシングだという奇妙なものになった。そして総合力ならば演劇であるということになり、それには二人とも異論はなかった」。

あるいは、サッカーゲームでは、「予選は敵があまり強くないから、残酷な態度で大量得点を狙う。漱石のドリブルで相手の中盤を切り裂く。サイドにはった中原中也がボールをトラップし、相手ディフェンダーのスライディングタックルを鮮やかなジャンプでかわす。中也からボールを受けた芥川は髪の毛を乱しながら快足を飛ばし、ゴール前で待ち構える太宰に右足でセンタリングをあげる。太宰はダイレクトでボレーシュートを炸裂させゴールネットを揺らす。両手の拳を強く握りしめた太宰が雄叫びをあげている（略）」。

ＴＶゲームだから、プレイヤーに自分の好きな作家の名前を与えられる。すこし、いい気分になる。こんなありふれた日常生活のなかに考えられない〝飛躍〟を持ってくる又吉の感性。老人もニンマリと笑える。

あるいは真面目な演劇論風に、「はじめて小劇団の演劇に触れて衝撃を受けたのは、突き抜けた自由度の高さだった。（略）なにより無意味で馬鹿げたことを全力で演じきる役者達の熱量によって、ある種のカタルシスが舞台上で生まれ、それが客席で観ている自分自身の内部にまで変化をもたらすことが面白くてしかたなかった」とある。その平明な賢さ。

『ユーカラの人びと』

—金田一京助の世界1—

金田一京助　藤本英夫編

平凡社

希林は一流のレストランなどへ行っても、食べきれなかったものを、折り箱に詰めてもらって帰った。だから、ケチだという評判がたった。

希林が、なぜそうしたのかは、この本を読んで判った。著者の金田一京助は、アイヌ語・アイヌ文学研究の第一人者。アイヌのコポアヌ婆さんが東京の金田一の家に滞在した。

「(婆さん)は甘いものが好きで、汁粉などを、二、三杯替えて喜んで食べてくれたが、その最後の椀の時のことである。人が見ていようがいまいが、底に残った餡《あん》をぺろぺろなめはじめる。やにわに、節くれだつ食指を椀の底へ突っ込んで、なおくっついている餡粉をすっかりぬぐってたてにその指をなめるのである」。

さらに牛汁、豚汁の椀をなめまわして、指があぶらだらけになると、それを自分の頭の毛になすりつける。どうかすると自分の着物へまでなすりつける。こういう作法は、アイヌの人々は、自分の守護神《カシカムイ》へ与えてやるつもりなのだ、と。

言語学者、金田一は、古語の「たまふ(下さるという意)」の語根が、長いこと疑問として

残っていた。折口信夫の『民族』（二巻一号）の説明によって、「魂《たま》の来たりて触れて一つになる時だから、たまふりといふ」という文を読んで理解する。金田一は続ける。「すなわち、『ものを賜はる』という心持ちは、そのものによって御霊《みたま》に触れるということに外ならなかった」。希林は、残りものを折に詰めて、という時、「御霊に触れたいから……」と自信を持って言っていたのだ。

タイトルのユーカラは詩曲という意味。金田一は、大学生の時から、アイヌ文化に興味を持ち、樺太・北海道のアイヌの人々の生活に入りこんで、その素晴らしい彼らの言葉を集める。

アイヌの人々は、文字を持たなかった。だから明治の日本人は、バカにしていた。ところが、アイヌには、日本、日本人が持っていない、民族叙事詩が彼らの記憶のなかにユーカラとして残っていた。世界の諸民族で叙事詩を持っているのは、ギリシャ、ローマ、インドだけである。そこに金田一先生の大奮闘により、アイヌ民族のユーカラを「くわえて世界四大叙事詩」といわれるようになった。いま70代の人は、金田一の国語辞書で育った。

真の美しい心と学識を持った文人、金田一京助は、大正四年頃、老媼《ろうおう》たちを訪ねる。「（略）ウテカレの嫁のエテアンマやコポアヌの娘で新平賀《しんぴらが》へ嫁しているハルなども畑へ出る途中、山から帰る途中、立ち寄っては小半日もいていく。私がそれを捕えて、お前も何かきかしてくれと試みにせがむと、鍬を持ったり、かますを背負ったり、まったくぼろを下げた見る影もない姿をしたのが、勧められるままに、いざり寄って、かむりものをはずして、静かに諷詠し出すその言《こと》のよさ、いきなりつかまえる行きずりのどの人も、どの人も、こうして夢のように美しい神話の一くさりや二くさりを心得ているのである」。これが真の文。

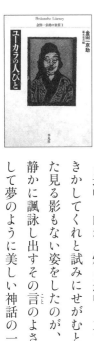

プチグラパブリッシング

『ぼくのしょうらいのゆめ』

取材・構成 井上英樹

少年の頃、だれしも、こういう「人生の大問題」を書かされたり、言わせられたりしただろう。質問するのは、いつも、なにも考えていない無責任なオトナたちだった。

この本に登場する11人は、オトナになってもまだ少年時代のココロを忘れないで、ひそかに隠しもっているオトナたち。だから、オトナが読んでも面白い。

そして、取材・構成を担当した井上英樹のジェントルで、聡明な人柄で統一されている文章が、気持ちよい。11人は全員、男性。市川準、内田裕也、大竹伸朗、関野吉晴、祖父江慎、高橋悠治、田中泯、谷川俊太郎、野口聡一、吉本隆明、和田誠。

特に、現代の気むずかしさの代表である、去年亡くなった和田誠に、これだけ素直に語らせる、というのは、インタビュアーの井上の凄い親和力といいたい。和田は、小学校時、いい先生にめぐまれる。4年生の時の担任が柳内達雄先生で、国語の教科書を使わないで、『くまのプーさん』を読んでくれたりした。すごい情操授業。もちろん、天才和田は9歳の時に、ノート一冊分のストーリー漫画を書き、最後に、作者、和田誠、印刷者　和田誠と奥

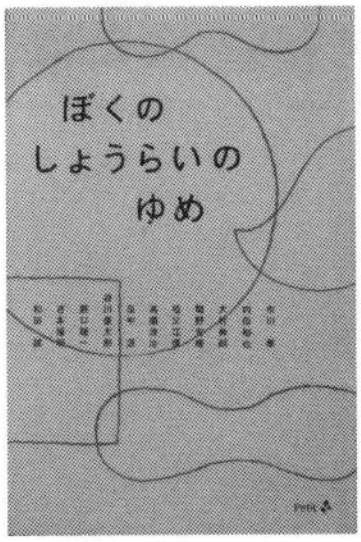

付けまで完璧だった。〝不許複製〟とあり、自分でつくった誠ハンコまで押している。大人の仕事を子どもの時からひとりで、できた。天才の証明。

探検家、関野吉晴の場合、戦後生まれで、「親の世代は食べていくだけで大変だったから、親が子どもに望むことは、細く長く生きること。ところが僕らの世代になると状況は変わっていて、餓死することはまずない。食い扶持はなんとかなるから、『何か好きなことをして生きよう』となる」。

ロックンローラー、内田裕也は、「小さな頃から俺が一貫して変わっていないのは、ケンカで負けてもプライドに対するリベンジはきちんとやってきた」こと。少年時代に、兄の書棚から借りた夏目漱石の『草枕』は、今でも暗記している、と。少年時代に漱石を読むと、妙に人がやっていないものに挑戦したくなるようななにかを残す。「知識というのは人間にとってすごい快感だと思っているんだ」とも。

たとえば、グラフィックデザイナーの祖父江慎の場合、小学時代、マンガ家になりたいと父の社内報に書いたりしていたが、ずっと以前、「苦手なことは何か?」と聞かれた時、「よく考えると、ずっと同じ状態でいることが苦手なのかもしれない。（略）すごくつらいよね」と答えている。祖父江は、漱石の「坊っちゃん」を初出雑誌掲載時から現在まで数百冊をコレクションしている。そのコレクションのバリエーションが、現在の祖父江のオリジナリティあふれた作品につながっている。漱石を読むと、日本人は革新的になるようだ。

宇宙飛行士の野口聡一は、小学1年生の時の文集に、「ロケットのそうじゅうしになりたい」と書いた。希林が、これを保存版にしたのは、裕也がでているからでなく、デザインを含めて本全体に〝気品〟があったからだろう。

『ペーパームービー』

内田 也哉子

朝日出版社

内田也哉子、19歳の自伝。早すぎるのだろうか、遅すぎるのか、ちょうどいいのか。「ペーパームービー」ってどんな意味なんだろう。似たような言葉で、「ペーパームーン」なら知っている。昔のアメリカの舞台で使われた紙製のお月さまのこと。同名のアメリカ映画があった。テイタム・オニールが子役で、こまっちゃくれで、チャーミングだった。一緒に旅する父親は、サギ師だったような気がするが……。

也哉子の母親、樹木希林は、日本の小学校に一人娘を入れると、イジメられそうだからと、都内のインターナショナルスクールに入れた。也哉子は、母親の予想に反して、暴力少女になった。也哉子は、自分の気に入らないことがあると、言葉より先に、ゲンコツパンチを繰り出した。それは、一年に一度か二度しか会わない父親、内田裕也の30代の生き方の流儀とそっくりだった。也哉子の通信簿には、英文で「バイオレントナトコロガアル」と記されていた。

父親とはほとんど会話も、スキンシップもないまま育った也哉子だったが、この『ペー

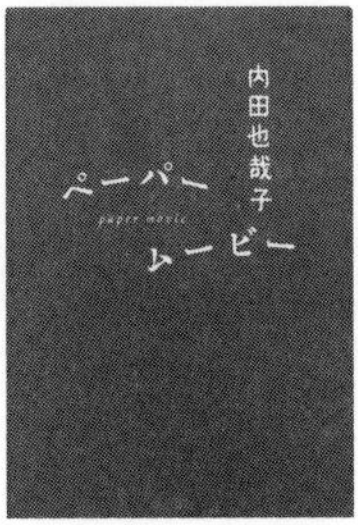

パームービー』で彼女がキメて使う言葉は、父、裕也が使っていたか、使ったにきまっているオジサン風のセリフにきわめて近い。たとえば、恐縮、腑に落ちない、事後報告、価値観、心の葛藤、ヘザーの二の腕からはえている……、スットボケタ……、オモイガケナク……。

そして、地球上で最高の、花嫁の父としての言葉。「まあ、オレにはとやかく言う資格はないけどな……」。ホントウの娘に話しかける時にも絶対忘れない、究極の客観性！

無敵の母、希林のいっさい成りゆき的教育方針。カラダにいいと思うと、赤ん坊の頃から玄米のおも湯、そして玄米ごはんを十数年もつづけたこと。オカズとしては、焼き魚、煮物、お新香、おみそ汁。理想的と考えられる食生活。それも多忙な女優業のスキ間をぬって、希林の手作りの食事。

だから、焼肉屋で普通の白いご飯を食べても〝オイシイネ〟と言ってしまう娘。希林は、普通の母親のように、玄米はカラダにいいんだから……、というコ理屈は、いっさい言わず、「じゃ、いいわよ。白米にする？」と簡単に言う。也哉子も、一瞬のうちに哲学して、あらためて玄米への愛というものを発見する。そして、母親は、いっさいオモチャを買い与えなかった。

長じての愛の芽生え、結婚、の過程は、童話『星の王子さま』とジャック・タチ監督の名画『ぼくの伯父さん』風に展開する。也哉子は〝星の王女〟さまのように、夫、本木雅弘は、機械文明の嫌いな自然派として、レマン湖のほとりで愛をはぐくむ。

也哉子は、父母の、理想どおりの〝傑作〟娘となり世間から喝采をあびはじめる。臨終まぢかの希林の、「もっと、（私が）也哉子に甘えていれば……」。自分にも也哉子にも厳しく律しすぎた母親の最後のコトバ。

リトル・モア

『会見記』

内田 也哉子

この本を開いたら『会見記』に対する書評の切り抜きが2枚入っていた。母親、希林が愛娘の本なので、そのうち也哉子に読んで貰おうと、挟んでおいたものと、思われる。

ひとつは、TVドラマ「時間ですよ」「ムー一族」のディレクターだった久世光彦。もう1枚は、作家、高橋源一郎。二氏とも絶賛。

25歳の〝文筆主婦〟になった也哉子が14人のイロイロな人と交わした会見記。昔の対談は、それこそ、そのヒトについて勉強して、果し合いにのぞむサムライのような血気の気持ちで、その場にのぞんだものだった。対談の達人、三島由紀夫は、浄瑠璃界の大物との対談にのぞみ、あまりの緊張に、貧血をおこし卒倒寸前だった。

いまは、なごやかに、ちょっとメルヘンチックに、気持ちのいい共有時間を持つのが、主流になってしまったのではないか、と思う。ただ、14人のうち、父の内田裕也と、バース・セラピスト志村季世恵との対談は、そんな風にはならなかった。

久世光彦は、也哉子と裕也の同席の場を評して、「圧巻は、ラストの内田裕也氏との、束《つか》

の間の父娘の〈会見〉である。二人の間の張りつめた空気には、肉親なのに殺気が張《みなぎ》り、そのくせ陽炎《かげろう》のように頼りなく、暖かく――私は泣いた」と記した。

也哉子には、今ふうの会見記ばかりでなく、自分の文体でキチッと、昔ふうに書くことのできる才能がある、そのことを久世は、殺気という言葉使って、褒めた。

インタビュアーは、対談の相手から、自分が心底納得できる、オリジナルのひと言を、引き出せれば、その対談は成功だった、といわれる。

也哉子が、その貴重な言葉を引き出せたのは、バース・セラピスト志村季世恵との会見である。

末期ガン患者のCさんからバース・セラピストの志村さんに夜中に電話があった。病院に駆けつけ、なぜ死ぬなんて思うのか、聞いてみると、〝生まれてきた時の感覚〟を思いだしたという。Cさんは語る。「遠くの方からネジのように回りながら生まれ落ち、今は反対に、ゆっくり回りながらこの世から抜けていく感じがする」と。

このCさんの、自分の体験記憶から発したオリジナル満点のことば「ネジのように回りながら……」を季世恵さんの口から聞いたにもかかわらず、也哉子は、しっかりと記憶して、これは絶対、書かなくちゃ、と心の中で決心した。その時の感情が、文を書く人に一番大事なことだと思う。

母、希林は、現代に生きるスマートな人たちとか、志村季世恵のように魂の世界まで理解する人など、この本に登場する素敵な人々ばかりでなく、〝長谷川四郎の世界の人々も世の中にはいるんだよ〟ということを娘也哉子に教えてあげたくて、四郎の本を6冊も残していった。凄い深謀遠慮の母ごころ、というしかない。

発行者　三浦忠彦

『励ましてくれた言葉の数々』

三浦　忠彦

著者は、外資系広告会社の大手広告主担当営業として、仕事の生き甲斐を感じていたが、妻を失って十年一人暮らしのなかで、自分を励ましてくれる言葉を探しはじめ、日本の宗教人、大会社の社長、医者、作家、無名の人から、欧米の政治家、作家、宗教人の、自分にしっくりきた言葉を、集め、それを一冊にまとめたもの。

日野原重明、良寛、一休、藤沢周平、外国では、マルティン・ルッター、キャッシンジャー、ローラ・ワイルダー（「大草原の小さな家」の著者）など多岐にわたっている。

もちろん、終末期をむかえている人への励ましのほか、仕事を円滑にする心の持ち方なども掲載されている。すべて、短かくまとめられているので、読みやすい。

久世光彦から、希林へのアドバイスも取り上げられている。「時間ですよ」に出演中の頃。「自分は遠からず死ぬのではないか。そんな思いを宿して演じよ。その後、悩んでいた彼女は、『怖いくらいに可笑しく、秋の空のようにポカンと晴れ。カラッとした笑いの後に、底知れぬ闇のような〝間〟』」。

希林は、20カ所以上に赤線を引いた。

「『遺産なき母が唯一のものとして　残しゆく〝死〟を子らは受け取れ』中条ふみ子――享年31歳。3児の母」。希林は、この歌に大きなショックと感動をうけ、自分の親友に、この歌を紙に記して渡した。希林はコトダマとして受け取った。

「健康管理は『おおよそでよい』」日野原重明。

「世の中に慈悲も悪事もせぬ人はさぞや閻魔も困りたまはむ」一休。

「自伝は、新たな発見につながる。ただし、重大な葛藤がある場合は軽軽しく思い返すな。葛藤の毒が襲いかねない。専門家に、仰げ」ローラー・ワイルダー。

「育てない。手助けするだけだ」京都府高校校長。

「大切なのは、変える勇気と変えない勇気」京都吉兆料理長。

「60歳を過ぎたら、社会的責任はもう果たしている。自分の好きなように生きても、誰も文句は言わない。自由はたっぷりあり、責任は無い」マチス。

「生も死も隠されているわけでなく露《あら》わだ。厳然としてこの世に現成されている。それを認識できないのは認識出来ない私達の問題に過ぎぬ」立松和平。(『道元』のあとがき)。

「幸福だから感謝するのではない。感謝をしているから幸福なのだ」白隠禅師。

「鏡自身はどんな相手を写しても嫌がらないし、自分の感想は言わないし、怒らない。相手の心をそのまま写す鏡になる練習をしよう」東山紘久。

この本は、三浦から希林に献本された。希林は、いくつかの言葉を雑記帳に転記した。

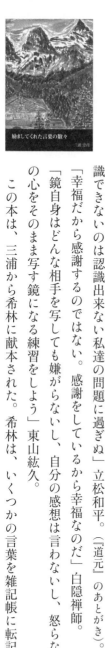

『良寛、法華聖への道』

北川 省一

現代企画室

70年代末頃。希林は、港区西麻布3丁目に新居をたてた。変則3階建風ビルで、その一室を仏間として立派な仏壇を置き、時間があると、「法華経《ほけきょう》」を唱えた。

著者の北川省一《せいいち》は、東大仏文を出て、一兵卒として応召。復員後、良寛研究に専念すること30年という。その北川は、本書で、法華経に没頭した良寛を、〝法華聖〟とたてまつった。

良寛は、越後の生まれ。江戸後期の歌人、僧として有名だったが、生涯、寺を持たず、托鉢して回り、子どもらと遊び、農民と酒をくみ、自由自在、天衣無縫に生きた。

希林も、法華経を大事にする良寛を、歌も、その生き様も愛していた。

その良寛は、備中玉島、円通寺で修行していたが、宗派争いにかかわって、円通寺を追放になる。それからの4年間、良寛は、どこでなにをしていたのか、不明といわれている。

北川は、古書を調べて、近藤万丈の『寝ざめの友』の抄録に出会う。

円通寺を追われた良寛は、四国に渡り、土佐のある山麓で、ボロボロの庵に住みついた。そこへ大雨に降られた旅人、万丈が、偶然、良寛の庵に雨やどりをたのみ、雨がやまず2泊

3日もやっかいになる。万丈の記述によると、「いと青き面やせたる僧」が一人で、炉をかこんでいた。食べ物もなく、風防ぎのふすまもなく、その僧は、最初に口をきいただけで、まったく無言。万丈が話しかけても、只微笑するばかり。寝床もなく、炉のそばで手枕で寝るだけ。翌日の昼に、麦の粉を湯にまぜて出された。木仏ひとつが窓のあたりにあった。3日目の朝、また麦の粉湯を食して、二夜のお礼に銭をだすが、良寛は受け取らず、こまった万丈が紙と短尺をさしだすと、よろこんで受け取った、と。

良寛の父、以南は京都桂川に投身自殺したが、それは、彼がこの四国のあばらや同然の庵で流離の時だった。

故郷に戻った良寛の歌に、

かくばかり憂き世と知らばおく山の草にも木にもならましものを

少年時代は「名主んとこの昼行灯《あんどん》息子」とバカにされていた良寛にとって、生地は、冷たいものだった。

そしてようやく、妹むらの夫、外山文左衛門にたのんで、五合庵を借りる。

良寛は、法華経を読誦、書写する。また、〝食を受くるは仏家の命脈なり〟と書き、臨終寸前のブッダが一番大切にした〝施しで食をつなぐ〟を実行した。北川は、「良寛という人は、終生、地上に孤影を曳きずって歩き通してきた人だ」と記し、「このことは誰よりも彼自身よく承知していたので、自らの世渡りを『孤拙』と呼んだのである」と。

良寛の最後の句は、「うらを見せおもてを見せてちるもみじ」。ナゾが深い。解釈する人によって意味が違ってくる。

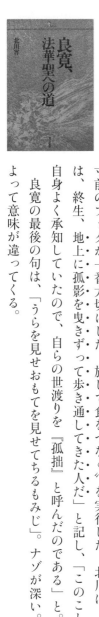

『先駆者たちの肖像』
―明日を拓いた女性たち―

鈴木裕子 監修　東京女性財団 編著

ドメス出版

明治元年頃から昭和50年頃まで、女性の権利拡大獲得のために、差別、悩み、怒り、絶望、暴力、刑死、虐殺までされながら、そのすぐれた能力と先見性で闘ってきた95人の日本女性の歴史と奮闘を、コンパクトに紹介している。各人につけられたタイトルを読むだけでも、どれほどの苦労があったかが想像できる。全員、写真ポートレートつき。

シーボルト・イネ「産科開業つかまつり候」。楠瀬喜多「男女同キ権アルコトハ…言フヲマタザル儀」。荻野吟子「医は女子に適せり むしろ女子特有の天職なり」。樋口一葉「天地の法《の》りにしたがいて…男も女も何のけじめが有るべき」。津田梅子「この塾は女子に専門教育を与える最初の学校であります」。長谷川時雨「女が女の味方をしないでどうしますか」。菅野すが「野に落ちし種子の行方を問いますな」。田村俊子「男が自分に結婚を迫るのは…飼い殺しの鎖り鎌を打ちかけ」。平塚らいてう「元始、女性は実に太陽であった」。与謝野晶子「すべて眠りし女 今ぞ目覚めて動くなる」。徳永恕「法律なんて後から出来たもんじゃないですか」。神近市子「性差別のない…真に解放された社会をめざして」。河崎なつ「母親が

かわれば社会がかわる」。山川菊栄「婦人問題は男女共通の問題」。高木徳子「私の舞台を妨害するなら、離婚します」。斎藤百合「その国の弱者の幸せの度合いによって…文化程度をはかることができる」。村岡花子「少女に夢を」。高群逸枝「女性史だけでも完結して…日本婦人の有史以来のうっぷんをはらしたかった」。伊藤野枝「ああ、習俗打破、習俗打破」。瀬川清子「女の不幸の最大のものは、自分のはたらきの価値を知らないこと」。宮本百合子「女性の性が保証されない社会では男性の性も守られず」。近藤真柄「女の人の解放がなければ人類の解放はない」。林芙美子「花のいのちはみじかくて　苦しきことのみ多かりき」。金子文子「すべての人間は…人間としての生活の権利を完全に、かつ平等に享受すべき」。人見絹枝「家庭に入ってしまう習慣がある限り、世界の檜舞台に立つ選手は育たない」。湯浅年子「科学の根本精神は広い豊かな愛である」。田中絹代「私が監督になったのも…同性たちの活躍を共感をもってながめていたからです」。長谷川テル「お望みならば、私を売国奴と呼んでくださっても、けっこうです」。

その日本の百年間というものは、男たちは、開国→内戦→富国強兵→殖産興業→他国侵略→対外戦争→焼け野原と、狂ったように走り続けてきた。その男たちのわがままと、その男たちを守ろうとする封建制に苦しめられながら、自分がやりたいこと、できることを見つけ、日本をよりよい社会にしようというのが彼女たちの希望だった。

希林は、どの女性に共感したか……。貞奴か女優第一号の松井須磨子か。それとも大阪・堺の老舗の娘、与謝野晶子の、歌ではなく、着物の着こなし方に、大きな影響をうけたか。それほど希林の着物の趣味は、晶子の昭和初期のそれと同じものだった。

『きもの自在』

鶴見和子
聞き手　藤本和子

晶文社

鶴見和子。日本を代表する知的階級の家庭で育った。社会学者。カバージャケットにこう紹介されている。「鶴見和子さんは、一年365日、一日24時間、きもの暮らし。家事はもちろん、国際会議も山登りもきものでこなします。そのきもの術は、和服のしきたりをこえて自由自在。（略）すりきれたものは帯や羽織、さらに前掛けや袋物にし、最後はふきんに（略）。四季をとおして、きものを『ふだん着』として着こなす知恵と喜び――。のびやかで気持ちのいい『きもの暮らし』の提案です」。

〝きものは出会い〟の項では、89年に大学を定年退職したときに、ゼミの学生たちがきものを贈ってくれた、とある。結城紬矢《や》絣《がすり》、縞づくし。帯、中国の緞子《どんす》の名古屋帯。帯締は刈安あるいは、薄紅梅。学生たちは、「きもの」だけをプレゼントしてくれたので、帯は、友人が中国お土産に買ってきてくれた緞子を。帯締は自分で「道明《どうみょう》」で買った。

〝ほろびゆく職人技〟の項では、鶴見和子は、「わたしのきもの暮らしをささえてくださっている増多屋さん」と紹介する。その増多屋さんの御主人、梅田善男さんが言うには、「職

人自身の高齢化も進んでおりますし、染色の模様師の平均年齢がだいたい七十歳位」。そして最後に、迫力万点、ブリリアントな鶴見和子と藤本和子の「きもの自在」の対談。藤本さんも社会学者。

藤本　きものを日常着としていらっしゃる鶴見さんに、これまで一度もきものを日常着として着たことのないわたしがお話をうかがうことになります。（略）つくづく抑圧的な衣裳だと感じてしまいます。

鶴見　そうでしょうか。わたし自身は七十年以上もきものを着ていますけれど、これまで一度もきゅうくつな思いをしたことはありませんよ。

藤本　きものは洋服のように気軽に買えません。豪華な晴れ着は何百万円もするし、十万単位のものでもわたしには買えません。（略）

鶴見　そうでしょうか。わたしの持っている一張羅なんて、ぜんぜん豪華なものではありません。一番高いものでも三十万ぐらいでしょうか。（略）

藤本　でも、「年配の人は留袖を着るべし」などとよくいわれるし、（略）

鶴見　きものを着るときに、そういう制約に縛られるのはおかしいと思いますよ。いま、わたしは七十歳を過ぎていますけれど、留袖は一枚も持っていません。

　こんな厳しいヤリトリがあって、話は、鶴見の「きものは魂のよりどころ」論に発展し、鶴見は、「わたしがきものを着ていると、その魂が乗り移る。そして、きものがわたしの魂の一部をもつことになるのではないか。たとえば「形見」という慣習には、（略）」。

　ここ50年間で最高の、知性と理性のすさまじい対談。それも〝きもの〟をめぐって。希林はこの本を07年に手に入れた。読後、粛然としたろう。

『昔のきものに教えられたこと』

石川あき

草思社

著者、石川あきは奈良の裕福な医師の家に生まれた。ちいさい頃から、彼女の家には京阪神の、いい呉服屋さん、目利きの番頭さん、いい腕の職人さんが、いつも出入りしていた。母も姉も、着物が大好きで、あきも、幼年時代から、それになじんだ。

多分、その雰囲気は、谷崎潤一郎の『細雪』の四姉妹と同じだったろう。あきの母は、婚礼衣装は白無垢だったが、お色直しは黒紋付の裾模様の振袖。大正はじめの頃の話。

30をすぎたあきは、母にこう言われる。「戦前につくった留袖はもう着られまへんで。ここらでもういっぺんつくったらどうか」と。あきは、戦後初の顔見世《かおみせ》で見た六代目菊五郎の「鏡獅子」が瞼《まぶた》に焼きついて忘れられない。つくるなら六代目の「鏡獅子」だ、と呉服屋さんをよんで、六代目が右足をあげている図案を描いてもらうが、顔が、六代目じゃない。そこで顔のみを友禅にし、白い獅子の毛を長絹《ちょうけん》、白に金の袴、白い足袋を刺繍で仕上げた。生地はちりめんでなく駒生地。

東京住まいのあきが、請求書を奈良の母へ送ったところ、「あんた、言いますけどな、贅

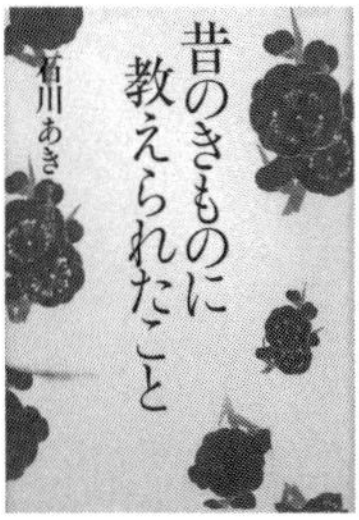

沢もほどほどすえ」といわれ、3ヵ月ほど実家に帰れなかった、と記されている。

つまり〝昔のきもの〟というのは、信じられないほどのお金がかかっているものだ、ということが、よくわかる話。母の教えは、黒留袖は一生に二度つくるもの、一度目は嫁入りのとき。それが派手になる50代になってからもう一度つくり直すこと、と。

こういう〝昔のきもの〟のつくり方、着方を、自分の体験から、あきは丁寧に、わかりやすく説明する。その最後に、伝統着物派の石川あきと八方破れ派の樹木希林による対談。

タイトルは、〝やりくりは　きものの醍醐味〟

石川　ようこそ。今日は希林さんのやりくり工夫の話を伺おうと思って。あら、そのきもの……。

樹木　これ、奥様にいただいたきものですよ。いつも奥様とお呼びしているから、今日もそのまま呼ばせていただきますが、これ、ほんとにむずかしいきものですよ。

石川　でも、よく似合ってるわ。希林さんはやっぱり役者だわ。

樹木　いただいたとき、ほんとうにどうしようかと思ったくらい。

石川　ほんとうにそうなのよ（笑）。だけど、みごとにこなしているのよ。

樹木　これ、なんていう柄です？

石川　レンガね。

樹木　この黒い塩瀬の帯も、そのときいただいたもの。

石川　それはね、昭和三十年代のもの。（略）

希林は、公式の席へでも、工夫した古い着物をきて、履物は、スニーカーで出た。150年前に坂本龍馬も、羽織袴で、ブーツを履いた写真が残っている。

『まわり舞台の上で　荒木一郎』

荒木 一郎

文遊社

全562頁にわたっての奇才・荒木一郎へのインタビュー・聞き書き本。才能のある若者が生存しにくい芸能界で、したたかに生き抜いてきた荒木。もちろん彼の多岐にわたった才能・センスがそうさせたのだが……。小学2年生の時、ラジオドラマに出演。60年にはNHKの大ヒットドラマ「バス通り裏」に出演。本格的に役者デビュー。そのかたわら、友人とバンド活動をはじめる。

64年に日活「風と樹と空と」に映画初出演。主演は吉永小百合。同年「殺人者を消せ」で石原裕次郎と共演。この時代の荒木は、元祖オタク・キャラで、若手映画監督たちに注目された。66年には、「空に星があるように」でレコード大賞新人賞を受賞。スター歌手になる。シンガーソングライターの元祖となる。同時に、荒木自身が社長になり、現代企画（プロダクション）を設立。当時、歌手・俳優が自分の事務所を持つことは考えられなかった。69年、荒木は強制猥褻致傷容疑で逮捕されるも、処分保留で釈放、不起訴となる。

しかし全テレビ局、新聞からシャットアウトされる。それでも、彼は現代企画を中心に、

ポルノ映画ブームをつくりだし、池玲子、杉本美樹など約20名の女優をかかえるようになる。75年には、久世光彦演出のテレビドラマ「悪魔のようなあいつ」に主演。久世のたっての希望だった。79年、倉本聰脚本の「たとえば、愛」に出演。倉本は荒木の演技を絶賛した。70年代から、小説も発表。『ありんこアフター・ダーク』『シャワールームの女』など。

　ここまで長々と荒木の芸能キャリアを書いてきたのは、荒木と希林の芸歴が交差し、男と女の二卵性双生児のようにみえるからだ。この本は16年に出版されたが、希林は、真剣に読んだろう、と思う。荒木は44年生まれ、希林は43年。荒木の母は文学座の名女優、荒木道子。その七光りで荒木は芸能界の王道を歩いてこれた。荒木は語っている。「19歳の時に、文学座の養成所に入って、すぐ退所した」と。荒木と希林は、養成所時代に顔見知りの関係だったかもしれない。

　荒木は、あふれる才能を自分でつまみ食いして奇才といわれ、希林は、あやしげな女優から、人生の大女優になった。

　荒木は、内田裕也との数奇な関係も、本書で語っている。77年に、曽根中生監督が「不連続殺人事件」という映画をつくろうとしている時に、荒木にぜひ主役をやってくれというが、多忙だった荒木は、「俺に似たような感じ」の裕也に頼め、とことわり、裕也の初の主演映画となった。ただ、荒木が推薦したことは絶対秘密にしてくれ、こじれるから、と。

　自分の知らない所で、自分の運命が決められていく芸能界で〝自分の流儀〟をつらぬいた荒木は凄い。筆者（椎根）は、ある時期、荒木と交際していた。当時、彼はアムウェイの大幹部になっていて毎月、大金を得ていた。椎根さんも、アムウェイに入りなよ、一生貧乏しないよ、と。私は入らなかった。希林も自由でありたいからと不動産収入を確保した。

『俺は最低な奴さ』

内田 裕也

白夜書房

インタビュアー近田春夫。その近田が書いたプロローグ。

「内田裕也は〝世界の人〟なのだと思う。それは別に活躍が国際的であるとかの意味ではなく、そうした側面もあるだろうが、ここで言いたいのは内田裕也が対峙してきたもののことだ。（略）世界の、と言ったのにはもうひとつ理由がある。世界を見渡したとき、その存在がまさに稀有だからである。他にこんな人はいない。〝世界に唯一〟ゆえの美しさこそが内田裕也の何よりの魅力なのではないのかとも思えるのだ。（略）実は世界の〝秩序〟やら〝正義〟やらは世界の〝都合〟で出来ていて、いかにも変幻自在なものなのだが、なんとも仕組みが巧妙で、ついつい絶対的なものにも見えてしまう。『そんなことはねぇだろう！』。内田裕也は様々な表現を通じて、そのことをずーっと訴え続けてきたのだと思う。そして内田裕也の何が素晴らしいかと言って、そうした作業のすべてを《ロックンロール》と呼んだ、その直観に尽きる。つまりは物事をどうとらえるかというセンス、そしてスピードである。皮膚感覚といってもいい。（略）」

近田春夫は、70年に〝内田裕也と１８１５ロックンロールバンド〟のキーボードを担当した。それ以来、いつも〝近所〟で裕也を見続けてきた。その近田が、真剣にインタビュアーをつとめて、計４３７頁の大作になった。面白くない訳がない。裕也の先進性、センス、芸術性が、具体的によくわかる。

裕也が特別の時と感じた時に編成される、「１８１５ロックンロールバンド」の１８１５についても、近田は裕也に語らせる。

「ジョークでやっていたんだよ、１８１５は。黒船が来た頃なんだ、１８１５年は。時代が変わるぜみたいな。響きもエイティーン・フィフティーン、語呂もカッコいいし、あと1と8、1と5を足すとロックになるわけよ」。

その答の歴史的正しさ、粋さ、気どりのなさ、J・レノンと同質のアイロニーとそれらをまとめて〝ロックンロール〟と理解させる、裕也の人格からにじみでる親和力。

75年の裕也プロデュースの「ワールド・ロック・フェスティバル」。ジェフ・ベック、ニューヨーク・ドールズ、F・パパラルディ、ジョー山中、クリエーションが出演。その東京での公演で、後楽園球場を借りに行く。金さえあれば、というところまでいったが、その大事なものは裕也にはない。それを聞かされた裕也の妻、悠木千帆（希林）が、「『じゃあマンションを抵当に入れましょう』って、大きい風呂敷包みに、あれ二、三千万あったよね、いくらか知らねぇけど、キャッシュでウドーの寺さんの前にボーンと置いたのよ」。

希林もこの本（09年）が出て、はじめて〝裕也の真実〟が語られているので、うれしかっただろう。この本の見返しに、一枚の祝電がはさんであった。「お祝い　樹木希林様　紫綬褒章受章おめでとうございます　東映・名誉会長　岡田　茂」（08年）

『音楽をどう生きるか』

――内田裕也対談集――

中村とうよう 編

創樹社

74年（昭和49年）に出版された。多分、内田裕也が著者と記された最初の本。9名との対談集。そのメンバーが、五木寛之、横尾忠則、沢田研二、桃井かおり、小野洋子（ジョン・レノンが口をはさむ）、山内テツ、成毛滋、加藤登紀子、竹中労。山内テツ、成毛滋は、ロックのギタリスト。

桃井との対談をのぞいて、他の8名との会話は、裕也のロックンロール道を前面に出しながらの、シリアスな話し方に、最終的に、インタビューされる方が、積極的に話しはじめるところが、面白い。裕也の人格・人柄が、ひきよせたものだろう。

裕也は、ロック道の導師でありながら、インタビューの達人でもあることを証明した。

五木寛之は、裕也をこう評する。「ひところのローリング・ストーンズみたいに、何かこう、牙のある、えたいの知れないケダモノたちっていう印象だったんですよ。そのころの内田さんってのは、そういうもののシンボルって感じで、ちょっと雰囲気がありましたよ。かなり兇悪なね、敵意を観客にむかって投げ返してるような（略）」。

そう、70年代初頭の裕也は、五木のいう兇悪、マガマガしいところが最大の魅力だった。裕也は、この対談（「ニューミュージック・マガジン」誌）の連載中に、悠木千帆と結婚した。対談中の桃井かおりは「裕也さんって割といつも必死みたいで可哀そうね、ちょっとね」とナマイキなことをいう。裕也は沈黙して答えず。桃井は「でもホラ、女を食いものにして音楽やったりするの、私、意外と好きだけどね、そういうの」。突然、裕也が「（略）こないださ、悠木千帆という人とさ、かまやつの紹介で会ったわけよ」。桃井「六月劇場でしょ」。裕也「（悠木も）同じようなこと言ってたよ。私はね、テレビで人ができないことやってるしね、主役と同じくらい金も取ってると……。まぁ、おもしろい役者だな、と思うけど。（略）」。桃井「悠木千帆さんなんて、かおりはいま一番尊敬してるっていうかさ、あの女いいと、すごく思うわけね。あの人、新劇やってたときもみたことあるけど、そういうのよりも、いま彼女がテレビで『時間ですよ』なんかでやってることのほうが、さえてるのょね。ほんとに、ほかの人のできないようなことをやってる……。そしたら、舞台で、芸術だなんてやるよりも、金もうけという名前のもとに、ほんとにあの人、やってるんじゃないかな、と思うわけょね」。

女優同士の観察眼はスルドイ。希林の人生観まで、ズバリ御見通しだ。桃井かおりは、桃井コトバ＝甘ったるく、けだるく、ワケ知り風に、「と思うワケょね」みたいなシャベリで人気急上昇中の時だった。こんな会話の4ヵ月後、裕也と希林は電撃結婚した。それにしても桃井は、いつも芸能界で〝月下氷人〟役をつとめる。希林は、この本を古本屋で450円で買った。

『JOHNNY《ジョニー》 TOO《トゥ》 BAD《バッド》 内田裕也』

モブ・ノリオ

文藝春秋

モブ・ノリオは第１３１回芥川賞受賞作家。彼が頭から２９８頁まで、いかにも若い作家らしい前衛的文体で、書きまくっている。いや、乱暴なＤＪ風にガナリまくっている。その後に職業不詳という風なモブ・ノリオの顔写真、反対側に、老大家といった風貌の内田裕也の顔写真がカラーで入っていて、表紙が２枚入っているような構成になっている。カバージャケットには、「『ＪＯＨＮＮＹ　ＴＯＯ　ＢＡＤ　内田裕也』取扱いについて」と説明の告知があり、以下に奇想天外な説明文。「本書のカバーと本体は、本の背の部分でのりにより密着しています。ご購入後、**この部分をゆっくりと丁寧に**はがして下さい。のりはきれいにはがれます。こうして、本が２冊に分かれます。（略）」。つまり、この本は、２冊に分解できます、と。

モブ・ノリオのＤＪ風の文体で、オマージュとして詠いあげた他に類のない「評伝的な（要素を含んだ）小説」ができあがった。裕也の偉大さを正面から、ディテールもあざやかな評伝になった。希林も、この読みにくい文章を、キチンと完読した。

1ヵ所だけ頁が折られていた。その部分は内田の映画「餌食」について、DJが喋ってる風に表現されていた。

「それと、『餌食』がどれだけ奇跡的な映画だったのか、自分でもちゃんとわかってなかったんだろうね（略）」。そして次の次の頁には、「本当に自分にとって観る価値のある映画だけを観たいし、好きになったら、さらに深く理解したい、それだけなんだけど、そこで見事に、これまで内田裕也の映画は、俺に引っかかりまくりなわけ。『餌食』、『十階のモスキート』、『水のないプール』、『コミック雑誌なんかいらない！』、この四本は、凄いってだけじゃなくて、ほかに似てる映画を探すのが難しい。オリジナルだと思う（略）」と、内田の映画を絶賛。希林も、嬉しさのあまり、頁を折った。

この本の後半（2冊目）は、「内田裕也のロックン・トーク」。目次の説明書には、「本書は『平凡パンチ』一九八六年三月二十四日号〜十一月三日号に掲載された連載対談「内田裕也のロックン・トーク」をまとめたものです（略）」。

各対談のタイトルだけでも緊張する。「浅草橋駅焼打ち　通信ケーブル切断（動労千葉地本委員長）」、「日本最大の右翼結社『日本青年社』会長　任侠右翼の雄　小林楠扶」、「88歳の超過激派　赤尾敏」、「インディペンデント映画の新星　スパイク・リー」、「75歳の過激発言アーティスト　岡本太郎」、「東京音楽祭・特別審査員として来日した陸上の王者　カール・ルイス」。

裕也はどんなゲストにも、位まけ、臆することはなかった。対談を読むと、相手の誰よりも、裕也の〝正気〟が、まさっている。

『俺はロッキンローラー』

内田 裕也

講談社

希林の2番目の結婚相手は、ロッキンローラーの内田裕也。裕也は、62年間も、〝俺はロッキンローラーだ〟と大声で叫びながら、19年の3月に、79歳で死んだ。ロッキンローラーとして半世紀以上も生きる、というのは比叡山の千日回峰の荒行を、10回以上続けるよりも、はるかにハードなことのように思える。

その裕也の最初の半生記が、76年に出版されたこの本。希林は09年にこう言っている。「私は五十年近く役者をやっていますが、一冊も本を出していません。これは画期的なのです。（略）私は資源の無駄だと思っていますので出さないのです」（がん患者・家族語らいの会通信No.087）

それでは、裕也の巻頭言を。「『人生は、ロックンロールだ』俺は、こう信じている。すべてのジャンルが、ロックであり、文学もファッションも美術も、その他もろもろ、ロックであるといっても過言ではない。つまり、俺の場合、逆も真なりで、『ロックンロールこそが、人生だ』といえる。ステージの上にかぎらず、毎日毎日の生活、メシを食うときもオンナを口説くときも、すべてロックンロールだということができる。（略）冗談じゃねェよ、まったく。せっかく、ここまで、ガンバッてきたんだ。俺は、死ぬまで、ロッキングしつづけるぜ！」

73年、裕也は希林（当時は悠木千帆）と結婚。インスピレーション結婚と裕也は言った。72〜73年にかけて、日本のロックは停滞。かわりにニューミュージックが台頭、裕也の気分は〝ふさぎ込む毎日〟。

この半生記には、その結婚時の裕也の述懐がある。

「女房（希林）と結婚したときに、女房が、借金はどのくらいあるの？　ッて聞くから、それまでにもチョクチョク返してたんだけど、残りの金を返しにいったわけ。自分が借りたんだから、こっちが悪いんだけど、俺はすげェ感動したねェ。俺がいうのもヘンだけど」。

それ以来、希林は死ぬまで、裕也に〝お手当〟を出し続けた。希林が亡くなる3ヵ月前に、筆者（椎根）が、「お手当は、今はいくらぐらい」と尋ねると、「月250万くらい」といった。筆者は、「ユーヤは、もう大芸術家ですよ。M・デュシャンは、『私は芸術を信じない。芸術家を信じている』といってますが、その芸術家なのです」というと、受話機のむこうから低い安堵の吐息のようなものが聴こえた。

レノンと結婚した小野洋子については、「つきあいのひじょうに難しいタイプの人だよ。（略）いまは、俺よりか女房のほうが気が合うみたいだね。宗教のこととか女性問題のことで……」。希林が、小野洋子とそんな密接な会話をしていたとは初耳であった。

そして最後の頁に、「感謝」とゴチックで。

「悠木千帆　ひとことでいうと『感謝』　付け加えるなら、『尊敬』　しすぎると抱けない」。

『回想の文学座』

北見 治一

中公新書

新劇界、演劇界、TVドラマ界に、大きな影響を与えてきたのは、文学座である。

文学座は、昭和12年に設立された。〝三幹事〟といわれた岩田豊雄、岸田國士《くにお》、久保田万太郎の3人が、各50円ずつ持ちよって計150円を基金として出発した。三幹事以下の俳優、女優としては、田村秋子、杉村春子、徳川夢声、宮口精二、中村伸郎《のぶお》、森雅之などの26名が署名。文学座を代表する俳優として期待された友田恭助は、設立直後に戦死した。

第1回試演（公演ではなく）のプログラムにマニフェストが載っている。「まず劇場に縁遠かった現代の教養ある『大人』に呼びかけたいのであります。同時に、内に於いては、名実ともに現代俳優たり得る人材の出現に力を尽くしたいのであります」。

昭和13年には、内村直也「秋水嶺」と、久保田万太郎「釣堀にて」を公演。この舞台にたったのは、杉村春子、森雅之、東山千栄子、徳川夢声、中村伸郎、龍岡晋、賀原夏子ら。

戦後直後、岩田豊雄は、「当時の文学座に欠けたものを補うために」、長岡輝子を中心に集まっていた若い演劇仲間「麦の会」のメンバーであった加藤道夫、芥川比呂志、荒木道子を

加入させた。

昭和25年、新宿区信濃町に、アトリエという名の事務所兼稽古場兼小舞台を建設。その研究所からは、岸田今日子、北村和夫、仲谷昇、小池朝雄、松浦竹夫、加藤武、神山繁が育った。ずっと後年だが樹木希林も、研究所出身。そして新劇ブームの到来。

戦前から文学座の女主人とみられていた杉村春子の演技論。「あなたたちが、前衛劇にひかれるきもちは、よくわかるわよ。でも、その基本はやっぱり写実なんだから、写実のデッサンも、同時にキチンと勉強してかなくちゃあねェ」。希林が、悠木千帆という名の研究生だったころ、杉村は自分が映画出演するときには、希林を〝付き人〟に抜擢した。杉村は、希林をみていて、才能のありかが、どこか自分に似てる、と思っていたのだろう。春子の悲痛なコトダマは、数十年後に、希林に入った。

希林が、映画「あん」、ドラマ「寺内貫太郎一家」に出演した時、杉村のいう〝写実のデッサン〟をするために、ハンセン病をわずらった老婦人にひそかに会い、また「寺内貫太郎一家」で老婆を演ずる時は、下町を走る都バスに乗り、役柄にぴったりのおばちゃんを見つけると、降りるまで、あとをつけ、観察。つまり〝写実のデッサン〟の実践。その経験が、「万引き家族」でも、役立った。

希林が、最初の結婚をしたのは、同じ文学座の岸田森。森は、〝三幹事〟のひとり、岸田國士の甥。岸田今日子は、國士の実の娘。

この『回想の文学座』文中に、新人クラスとしては、悠木千帆の名前が、最後の最後にでてくる。それは、キラ星のようにならぶ文学座の女優たちの、最後の星は、樹木希林だった、と言っているようにみえる。昭和38年、文学座は分裂し、劇団「雲」が独立。

『久保田万太郎 全句集』

久保田 万太郎

中央公論社

世界で一番短い詩、といわれる俳句。しかし希林は、俳句をひねる趣味は生涯なかった。それなのに、この全501頁、全六千句以上の、大著を86年に買った。

安住敦の解説に、「（久保田は）小説を書き戯曲を書き、その他放送や演劇の仕事に寧日なかったこの作家の心中には、ひそかに小説―戯曲―随筆―俳句といふやうな順位がつけられてゐたもののやうである」。

久保田万太郎は、数多くの小説、戯曲を書き、俳句は余技のつもりだったが、世間の評価は、俳句ばかりが高かった。舞台の演出も手がけ、希林の出発点、文学座の創立者でもあった。

希林も、万太郎の茫洋とした姿を、目のあたりにしたかもしれない。万太郎の俳句の善質は、その詠嘆の美しさ、その表現の面白さ、だったと解説に記されている。

その六千以上の句のなかの、七句に、希林は、ショッキングピンクのサインペンで傍線を引いた。

辨天山〝美家古〟ずしにて

「餘寒とはかすごのひれのほの紅み」

　今の流行とよ

「茶羽織は襟をかへさず春しぐれ」

二月十九日、毎年のことにて、鎌倉建長寺内稲田龍夫邸に招かる　二句

「めっきりと園主老いたる梅見かな」

「梅みごろ谷戸さしわたる日にみごろ」

三月四日、岸田國士、〝どん底〟舞台稽古中に発病、翌朝六時十分、永眠　三句

「泣蟲の杉村春子春の雪」

　花柳章太郎作人形展覧会にて

陽炎「かげろふのごとき命をやどしけり」

「陽炎や干潟づたいに一里ほど」

「餘寒とは……」は、句の場となった浅草〝美家古ずし〟店に、希林も何回か行ったことがあるのだろう。かすごとは、鯛の稚魚でつくるスシネタ。

「泣蟲の……」。希林の新劇の恩師、杉村春子の泣き姿を思いだしたのだろう。そして岸田國士とは、のちに希林が結婚した岸田森の伯父。

万太郎の代表句といわれる「湯豆腐やいのちのはてのうすあかり」には、ピンク線はなかった。

　希林が俳句をつくらなかったのは、五七五の型にどうしてもなじめなかったせいではないか。それよりも自由な語調の七五で完結することの方が多い諺《ことわざ》・俚諺《りげん》に強くひかれたのか。

「遊びをせんとや生まれけむ」のような。

『龍岡　晋集』

—自註現代俳句シリーズ・Ⅱ期24

龍岡　晋

俳人協会

粋で、洒脱で、物知り、明治37年日本橋生まれ。その上、文学座創立以来の俳優。劇団総務の仕事も担った。樹木希林の大先輩にあたる。座の三幹事（岩田豊雄、岸田國士）のひとり、久保田万太郎に俳句を師事する。龍岡の、江戸っ子の、いさぎよい句風は、やはり万太郎譲り。龍岡の〝自註〟も味わい深いものがある。

秋《あき》の暮《く》れ一石橋《いっこくばし》の迷子石《まいごいし》
—新派の名舞台〝日本橋〟でもいちこくばしと云っているが、いっこくばしと云ってもらわないと、知らない土地の橋のような気がしてならない。

従四位《じゅうしい》を賜《たまわ》る象《ぞう》や白牡丹《はくぼたん》
—「享保十三年、交趾国より広南産の大象牝牡二頭長崎着。翌年四月、大阪に至り更に伏見より京華に入り、廿八日禁掖に朝して天覧を蒙る」。

大仏殿《だいぶつでん》蠅《はえ》一匹の虚空《こくう》かな
—五丈三尺の盧舎那仏、一つが人間の頭より大きい螺髪の数が九六六、傘をさして人が

くぐれる鼻の穴。大仏殿は今昭和の大修理にかかっている。

麗《うらら》かや孫《まご》のうんちが手《て》についた

—孫というものはかわいらしくってしようがないものでよく抱いた。まっ黄いろな菜の花のようなうんちもきたなくなかった。

霙《みぞ》みぞるるや鬼《おに》の念仏笠《ねんぶつかさ》を背負《しょ》い

—大津絵の鬼の念仏の、片方の角の折れているのもかわいいが、古番傘を背負ってるのは気の毒なくらいおかしい。

古釘《ふるくぎ》を打《う》ち直《なお》しゐる日の盛《さか》り

—芝居の大道具に使う釘も不足がちで、古釘をうち直しては使った。それなのに船の修理のため釘を供出しろと海軍からいってきたのには驚いた。

夏《なつ》みかん目《め》にとぶつゆの五月《ごがつ》かな

—酸素の多い空にあがる運動会の花火の音、マグネットが釘を吸いよせる五月。燕ののどの赤い五月。

中結《なかゆ》ひの真田紐《さなだひも》かな年《とし》の暮《くれ》

—真田紐のたすき、真田紐の暖簾の耳、大きな風呂敷包みの中結いの真田紐、短日の、年の瀬の忙しさ。

どぶ板《いた》にあらしの夜《よる》の蛍《ほたる》かな

—北陸小松は雨の多いところだ。明治橋の架かっているどぶ川縁《べり》に咲く紫陽花の大きな毬は、みずみずしくみごとだった。

自選三〇〇句のなかから、筆者（椎根）選。

『人間滅亡の唄』

深沢 七郎

徳間書店

深沢のこのエッセイ集が書かれた昭和41年頃、なぜか航空機の墜落事故が多発し、多くの人命が失われた。その事故について、深沢は、こう記した。「そんな事故が三回もつづいたので大騒ぎをしたが、なんと驚いたのはこの私自身である。そんな、いまさら騒ぎたてることもあるまいだろうと、騒ぎたてることに私は驚いてしまったのだ。飛行機が墜落するなんてことは当たりまえのことで、墜落しないのが不思議なのだ（略）」。そして、「仏教では『無常観』と言う。この世の移り変わりはいつも行なわれているのである」と。

また、深沢は、終戦直後の自分の体験、占領軍のアメリカ兵が、深沢の実家が印刷屋なので、しばしば仕事を持ってきた、その米兵の姿を、なつかしい事のように思いだし、「もういちど外国に占領されたい。中国でも、韓国でも、米ソ、どこでもいいんだ。僕の夢をもういちどと思う」。また冒頭の「生態を変える記」では、奉公人のように、「私はくらがえしたくてたまらない。どこか、外国へ行ってそこへ国籍を移してしまいたいと思っている。（略）果物の好きな私は南の島のようなところへ行きたいと思っている」。

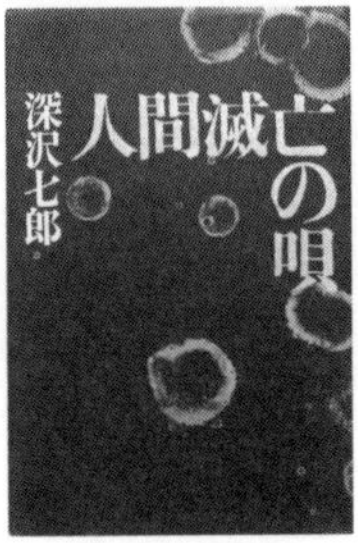

こう書いた6年前、深沢は、小説「風流夢譚」を書き、皇室に対して不敬な文章を書いたとして愛国党の少年が、その本を出版した中央公論社社長宅を襲い、嶋中夫人に重傷、お手伝いさんを死亡させた、いわゆる嶋中事件の発端になった。

深沢も、右翼から、つけ狙われ、10年近くの逃亡生活を余儀無くされた。そしてようやく北関東の畑の真ん中に、プレハブ小屋を建て、ボディガードつきで〝コマギレ栽培〟農業をはじめたばかりだった。その雌伏の間に、深沢は、風流ギター弾き作家から、なにものも恐れぬ哲学者になっていた。

前述の連続飛行機事故話の感想のラストは、

「だが、私は飛行機には乗らないようにしている。（略）私は死ぬなら癌で死にたいと思っている。理由は、私の母親が癌で死んだからだ。癌で死ぬことは苦痛がひどい。だが、どんな苦痛でも母親と同じ苦しみなのだから本望ではないだろうか、どんな苦痛でも、（おっかさんは、こんなふうに苦しかったのだな）と母親の臨終の苦しみを察することも出来るのである」。

しかし現実生活では、やむをえなく飛行機に乗らざるを得ない時もある。

そんな時、深沢は、「『落ちるぞ、無事に着いたら癌で死ねるぞ』と私は千歳から羽田まで思いつづけて乗っていった」と。

深沢のように〝非国民〟として命を狙われながらも、再び文を書く機会を与えられたときは、何事もなかったように、もっと過激に自分の意志を語りぬくタイプの男を、希林は敬愛する傾向があった。夫、裕也もそう。その上、希林は、深沢からは、〝我が心の友〟と、信頼されていた、のだから……。

『鶴川日記』

白洲　正子

PHP研究所

戦争がはじまる前の昭和15、6年頃、外国と都心の住宅地の生活が長かった白洲正子（夫は、次郎）は、田舎暮らしに憧れて、当時は、ひなびた純農村だった鶴川（現、町田市）で古い茅葺き屋根の農家一軒を買う。その農村生活振りを綴ったエッセイ。それに「東京の坂道」「心に残る人々」等の人物評・紀行風文章をプラスしたもの。

79年に文化出版局から『鶴川日記』が刊行されたが、10年にＰＨＰから再編集されて復刊された。希林が表紙の帯に、文を寄せている。

正子は、14歳で米国留学、帰国後、のちに終戦処理問題で、大活躍する白洲次郎と結婚。戦後は、青山二郎、小林秀雄といった文人と交際を深めて、自分も、文章を書くようになる。『かくれ里』『日本のたくみ』等。

正子の「心に残る人々」のなかに、画家、熊谷守一《もりかず》が登場する。希林は18年に映画「モリのいる場所」に出演。その「モリ」というのが熊谷守一夫妻をモデルにしたもの。

熊谷守一に、正子が会ったのは、昭和48年。守一は〝本来無一物〟を自称し、一歩も自宅

から出ず、庭の蟻をみて一日中すごしていて、世間から仙人ともいわれていた。本業の絵も多作で人気があったが、守一の〝書〟をほしがる人があとをたたなかった。

正子が、大胆にもまだ会ったこともない守一に、知人を介して、書を「お好きな言葉を」とお願いすると、どういうわけか、平仮名で「ほとけさま」と書いてくれた。正子は、「それはおのずから頭が下がるような無心な字」であったと書きとめる。

書のお礼に、ケヤキのお盆を持って熊谷宅を訪れる。守一は、そのお盆が気に入ったらしく、黙ったままで撫でている。「奥様が不思議がって、『あなた、何しているのです』と尋ねると、『どっちが上だか下だか考えているのだ』といわれた」。

他人が入らない、いつもの夫婦だけの会話は、希林が熊谷夫人を演ずる上で、非常に参考になったと思う。90を超えた夫のどんなちいさな動作でも、目で追いかけて、声をかける熊谷夫人、それに対して守一の、ふっとひとりの世界に入ってしまう芸術家の、本心をひきだす、きっかけとなるコトバ……。

熊谷夫妻の生活は、いつも、奥様の、「あなた、何しているのです」というコトバで成り立っていることがわかる。希林も、熊谷夫人をカメラの前で演ずる時、それもセリフがない時でも、目と心のなかで、その言葉を繰り返していた、と思う。

正子は、77年に熊谷守一が逝去した時に追悼文を書いた。それは上記の訪問記の、すぐうしろに入っている。彼女にとって、訪問は「生涯忘れることのできぬ事件」と記した。

しかし、伯爵家の娘として生まれた白洲正子は、そのふたつの文章のなかで、熊谷守一夫人を「奥様」とは記したが、夫人の名は、一度も記されていない。伯爵令嬢らしい。

『畫論』

村上 華岳

中央公論美術出版

部屋に絵を飾ることをさけた希林が、壁にかかげた、ただ一枚の画がある。それは、大正・昭和時代に、画を描くという業に全身全霊ささげた日本画家、村上華岳の「太子樹下禅那之図」であった。さらに、この画を所蔵する京都・祇園にある「何必館《かひつかん》・京都現代美術館」を、希林は37年間にわたって、しばしば訪れて、本物の「太子樹下禅那之図」の画に会いに行き、心で会話した。同時に館長の梶川芳友と真正の親交をふかめた。

梶川は、『至高からの眺望―村上華岳の旅―』で、この画家を、「華岳の作品は一つの宇宙である。そこには二つの極があり、風貌がある。(略)一つの風貌は絶対的な厳しさであり、もう一つは無限の慈愛である。この二つが激しい流れをつくり渦巻いているにもかかわらず、華岳の作品は静寂の中にある」と。

この『畫論』という大著は、華岳の雑感・日記・画論をまとめたもの。希林が傍線を引いたところを紹介する。

「(略)この不可思議なる人間が描きたい。不可思議なる人間の戯曲を描きたい、人生の相を、

人間の内の現実をかきたく思ひます。（略）ドラクロアーの様に、生々しき、人間の苦患も描きたい。又、レオナルドの様な、深さの知れぬ神秘さをも描きたく思ひます。自分の才能天分の能ふるならば―ゆるさるゝならば―」。

2つ目の傍線。「（略）一番大切なことは世界の本体を摑み宇宙の真諦に達することにあると信じます」。

希林所有の、銅製の日本人形型のしおりが、はさみこまれてあったところには、血を吐き、もがくような華岳の文。「聖者は死後真仏として無形の力となって生息する。そして聖の真なる者は再びこの世に生れ来ない。われ等は死後真仏になって人の心の内に棲み再びこの土に生を受けざる様、精進修徳するがよい。永遠人の心の奥底に棲み得ることを確認して死せよ。是れ真に生死解脱なり」。

死の10年前の雑感「神知となる日」には、「（略）再び汚濁に足を入れぬ決心が出来、心境は沈着と清浄にすゝみ、仕事に勤勉と純粋とを加へん。そのとき華岳を捨つべし。何れの日か華岳を捨てゝ神知とはなるぞ、早くて三年後、遅くて数年の後なり（略）」。

華岳は、自分を律すること神の如くに、人や宇宙や神について考えることは、神学者トマス・アクィナスのように、そして至高の絵画を残して昭和14年に死す。

雑感「歳末の記」には、いつも神知を願っていた華岳も、芸術家と生活について……。

「（略）私はボロ家を数軒もっている。（略）この数軒のボロ家がからくも私の芸術貞操を保護してくれている。もしこれがなかったら―と考えるだに私は惨めである」と。

希林は、ただ1ヵ所に、書きこみをした。華岳の「畫は崇高なる人格の現れ」という小見出しのあとに、続けて、「デアルコトヲ忘ルナ」と。

『超訳　古事記』
――蘇る！　日本誕生の物語――
鎌田東二
ミシマ社

本書は、日本最初の本といわれる『古事記』を神道学学者の鎌田東二が、〝超学術〟的に、再現したもの。古事記は、稗田阿礼が「誦習《よみならい》」した言葉を、太安万侶が漢字で書き起こした文書のこと。鎌田が、稗田に憑依して、鎌田の口からもれた古事記話を、編集者の三島邦弘がメモするカタチでつくられた。だから、「大きな流れや大意は『古事記』に沿っているけれども、一文一文の訳は自分なりの訳であり、自由訳、といえるでしょう」と、あとがきに記されている。超訳されたのは上巻のみ。

悪逆非道の神、須佐之男命が、大蛇を退治して、美しい后《おおめ》を得て、「八雲立つ　出雲八重垣……」と歌ったことを、鎌田は「愛の言霊《ことだま》」をかなでた、と記した。

希林が、文学座に入った頃は、西欧の神が背後でチラチラするブレヒト、ベケットの前衛演劇に興味をひかれたが、内田裕也との結婚後は、毎日、法華経をそなえて仏教の勉強にいそしんでいた。

希林が神道に興味を持ちはじめたのは、いつの頃だろう。神道の宗主は、天皇陛下である。

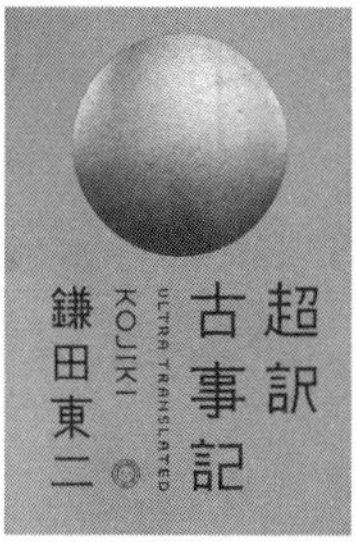

そうすると、昭和から平成に移行するあたり、即位式とか大嘗祭があった89年頃とも考えられる。本書は、09年に出版されたので、この頃には、もっと神道を知りたいと思いはじめていたのだろう。

希林は、14年（平成26年）にドキュメンタリー映画「神宮希林　わたしの神様」（伏原健之監督）に出演する。この撮影で、はじめて伊勢神宮に御参りした。撮影に入る前、筆者（椎根）は、希林に会うたびに、古事記の上巻の〝神物語り〟にでてくる神様について質問された。

筆者は、かねてより、原田常治（故人）の〝神物語り〟の本『古代日本正史―記紀以前の資料による―』を愛読していたので、それに準じて古代の神々についての話をした。

原田の主張は、実地調査での推断により、他の学者の説とは、異なっていた。たとえば、〝日本建国の祖は素佐之男尊だった〟、〝今の天照大神は素佐之男尊の現地妻だった〟、〝神武天皇は婿養子だった〟、〝邪馬台国は宮崎県西都市だった〟などなどの新しい解釈であった。

原田説で、もっとも特徴的なのは、邪馬台国の女王、卑弥呼《ひみこ》は、日向（現、宮崎県）の大日霊女貴尊《おおひみこむちのみこと》のことであり、のちに天照大神となった。その夫は、素佐之男尊という説。

その当時は、出雲、大和、日向に住む三つの族が、勢力をきそっていたが、それを統一したのが素佐之男尊の孫にあたる伊波礼彦尊、のちの神武天皇。筆者は、この原田説をもとにして、出雲、大和、日向の神々の系図・相関図を一枚の表にして、希林にプレゼントした。希林は、「こまったものを貰ったわ」というような顔をしていたが、黙って持ち帰った。あの系図・相関図は、今、どこにあるのだろう……。

『夢を吐く絵師　竹中英太郎』

鈴木　義昭

弦書房

昭和初期、全国の青年たちに大人気を博した雑誌「新青年」があった。人気の源は、雑誌全体の都会的センスと、江戸川乱歩、横溝正史、夢野久作などの探偵小説などを掲載したことにあった。戦火がコツコツと近づくなか、青年たちは本能の自由な発露を求めて、エロ・グロ・ナンセンスものを、もてはやした。

乱歩の「隠獣」、正史の「芙蓉屋敷の秘密」、久作の「煙を吐かぬ煙突」などの挿絵は、すべて新人絵師、竹中英太郎が描いたもの。青年たちは、その小説よりも、ビジュアルの挿絵、英太郎の妖しげな絵に夢中になった。

なによりも、見たこともない見ることもできない、体験したこともない、その幻想的でシュールかつエロティシズムあふれた画風が、青年たちの視覚を虜にした。

絵の先生についたこともなく、田舎の映画館のポスターなどを見て絵師になった独学の英太郎は、すぐ他の雑誌からも注文殺到する人気流行画家となる。

しかし29歳で画家生活と、自らの判断で決別する。人気絶頂の時に姿をくらましたため、

雑誌界では、〝消息不明〟となった。

この英太郎の長男が、ルポライター、竹中労であった。父の英太郎は、息子の労以上の筋目の通った破天荒の人生を送った。希林も、この本を読んで、労よりも、はるかに凄い人だ、と感じ入ったにちがいない。希林が好きになる、典型・理想の男性像のような男だった。

英太郎は家が貧しかったため、中学を中退して熊本警察署の給仕となる。押収されていた社会主義文献を隠れて読み影響を受ける。16歳で無産者運動の思想結社「七日会」に加盟。18歳で熊本市初のメーデーを組織し、その勢いで筑豊炭鉱の炭坑夫となり、地底で黒いダイヤを掘った。

上京後の22歳の時、「新青年」の挿絵を描きはじめて、たちまち挿絵界の寵児となる。しかしその地位を自ら放棄して30歳時に満州へ行く。43年つね子夫人の故郷、山梨県甲府に疎開。45年山梨日日新聞社の社員記者となっていた英太郎は、甲府中学全学ストライキをサポートし、戦犯教師を追放。その後、県統一メーデー議長、社会党山梨県連顧問になる。筋をまげずに、いっかんして労働者側に立ち続けた。88年心不全で倒れ、急死。

英太郎の一生に、呆然としてしまうが、同時に世阿弥の〝初心、忘るべからず〟という句を思いださせる。英太郎にとって、時代の寵児となった画業は、仮の姿で、名もなく労働運動に猛進していた少年時代に、自分の初心がある、と信じていた。

これほど芸＝画業で、めざましい成果をあげながら、社会運動に身をささげた英太郎を、希林はどういう気持ちで読んでいたのだろう。

芸よりも大事なものが、世の中には、あるのだ、そう信ずる人もいるのだ、ということを痛切に知らされたことだろう。

『無頼の墓碑銘』

―せめて自らにだけは、恥なく瞑《ねむ》りたい―

竹中　労

KKベストセラーズ

この本は希林の根源のところに影響をあたえたかもしれない。それは、百冊の本のなかで、一番汚れてカドもすれ切れていた。

竹中労はルポライターだったが、それにおさまらず、全世界の貧しい人々、ルンペン・プロレタリア階級革命のために共同体をつくろうとした。

竹中はがんを宣告されてからも、世界中のスラムを飛びまわった。その活動には、日本赤軍の重信房子との熱い交流もあった。ルポライターとしては、『美空ひばり』も画期的なものであった。また中国古典文学にも造詣が深かったし、また禅の開祖、菩提《ぼだい》達磨の研究家。『無頼の墓碑銘』に登場するのは、中国のいくたの王朝を倒した革命家たち、あるいは、そういう志を持って横死した〝義の人〟たちの話。その前後に、漂流者としての竹中の日本でのオルグ活動と闘病生活が配された。

「ご指名の通り、ぼくはルポライターとして日本のタブーに挑《いど》み続けた挙句、おのれが逆にマスコミ社会のタブー的存在となって、いまや大手の出版物からは、まったく原稿の注文が

途絶えている。その筆禍と舌禍（主としてテレビ番組における）の記録だけでも、ゆうに大部の本になるだろう。（略）」。竹中は、好んで東南アジア、中近東をまわった。それは、「風と水のリズム。日本人が一番失っているもの。風はね、おしめの干してある裏窓を吹くんですよ。水は、ドブの中を流れるんです。（絡）」という。

希林は、そういう竹中の生き様、生き方を信用し、憧れてもいた。竹中にからむさまざまな会にも参加していた。

竹中は、87年に肝硬変、胃がんといわれ、余命五年といわれ、そして入退院をくり返したが、91年に逝った。「無益な延命通夜葬儀、一切無用」という言葉を残して。

その3年間も、リビアのカダフィ議長の懇願をうけて、「環太平洋・国際革命フォーラム」の議長を職業革命家として務めた。

90年、竹中はデーブ・スペクターと対談している。そのタイトルは「生老病死、万事なりゆき」とした。

「万事なりゆき」という考え方は、希林の発病10年間の生き様の主調音になった。

また希林は、ロックンローラー道というとうてい世の中から理解されにくい主張をくり返した内田裕也と、アウトロー、革命精神、権威にたてつき、漂流人生を送る竹中との相似に気づいていた。裕也と結婚しなかったら、〝女・竹中労〟になっていた可能性がある。

この本には竹中から希林への献本カードがまだ、きのう届いたように、はさみこまれていた。「樹木希林さま　恵存　フト読んでもらいたくなったりして……八五・六・一二竹中労」と。恵存は、お手もとに置いて下さいとの意。その文面は、希林に対しての竹中の特別の親しみと、強い甘えが感じられる。

『自分のこころに気づく本』

迫 登茂子　杉田 明維子 画

ビジネス社

この本を手にした94年頃、希林は、迷っていた。自分がドップリつかっていたTVの世界からちがう世界へ移動した方がいいかな、という気持ちが湧いてきた時代。そして娘、也哉子がスイスに留学して、ひとりぼっちの生活がはじまったこと。暴れるこころをどう抑えるのかというのモンダイが、希林に芽ばえはじめた。そのこころからの問いかけに、ぴったりの詩、絵が、この『自分のこころに気づく本』だった。

巻頭文は、「不思議な体験のなかから　たくさんの言葉を　いただきました。少しでもみなさんに読んでいただけたら　幸せに存じます」。

あとがき＝「著者について」には、「この本を書かれた迫登茂子さんは、平成元年に不思議な体験をされたとのことです。それは現在でも続いているそうです。ある夜半のことでした。突然、神の啓示を受けたかのように迫さんの頭のなかに言葉があふれ、それがはじけるように、ほとばしって出てきたということです。別に自分で言葉を選んでいるのではなく、なにかが迫さんをつき動かしていて、知らず知らずのうちに暗闇のなかでもペンが走って

しまうと語っておられます。といって迫さんは別に、神がかっているひとではありません。長い教師生活を終え、現在では近くの子どもたちを集め塾で勉強を教えるかたわら、いろいろなボランティア活動を続けておられる、ごく一般的な普通の女性です。（略）」とある。

それでは、各詩のよいと思ったところだけを抜き書きにします。赤線は1ヵ所もなし。

第一章●家の北側

「強がりは　いけません　我慢も　いけません　あなたの　からだは　こころともども蝕まれていきます」

第三章●かかえて　かかえて

「こころの窓を　大きくあければ　ひとは　遠慮がちでもはいってくる」

第四章●言葉のカード

「あなたの言葉が　やさしくて　ゆらゆら　空気にゆらめいて　こころの底まで　たどりつきました（略）　無理やり　ひとを振りむかせてはなりません（略）　やさしさは　とりちがえると　ひとを苦しめます」

第五章●こころが澄んで

「家にお年寄りがいるひとは　幸せ　そのお年寄りが　生き生きとしていらっしゃったらなお幸せ（略）　いちばんの知恵袋はお年寄り　長年の経験が　しっかりしみこんでいますその経験は　売ってはいません　その家の宝ものです（略）　お年寄の知恵を　すこしでも早く　いただくことです（略）　まわりに　ひとり暮らしのお年寄りがいたら　教えをうけなさい　ひとり暮らしのさびしさも　ひとり暮らしの充実感も　あわせて教えてもらえるから」

『われらいのちの旅人たり』

灰谷健次郎 対談

光文社

灰谷健次郎は、17年間の教員生活ののち、『兎の眼』『太陽の子』を発表し、大ベストセラーになる。この対談集を出した時は52歳。希林は43歳。一人娘、也哉子は9歳。

対談の相手は、山田洋次、石倉三郎、白川和子、水上勉、アグネス・チャン、住井すゑ、山田太一など12人。〃おおらかに子供に性を伝えたい〃というテーマで対談した〃日活ロマンポルノの女王〃白川和子が息子の初体験を聞きだす話が面白い。

〃CM界の皇太后〃希林は、〃子どもと食事〃について語る。灰谷は、淡路島で自給自足的生活をはじめている。灰谷は、対談の冒頭に「樹木さんとは二回めの出会いなんだけど、僕は少しもかまえるところがなかった。なんか安心していて」と切りだす。

「希林（笑いながら）ヨロイが！　鎧を着てたんですねえ。昔は。もともと、私の場合、芝居でこういう役をやりたいとかお金がほしいとか、あんまりそういうのがなくて、私の中でいちばんの欲というのは食欲だったわけですよ。（略）ところが、ある日、断食をやってみたんですよ。そしたら、はてしなく食べないでいられるわけ」。

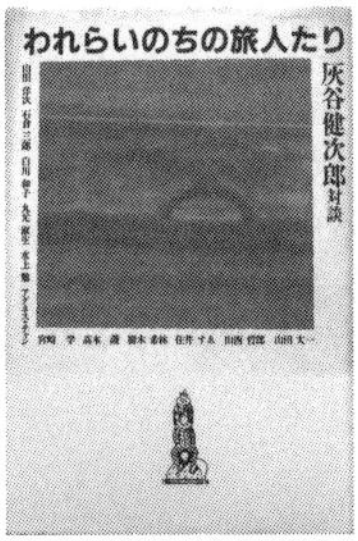

つづけて、

「断食をすると、いろんな生きていく欲がなくなりますね、精神的にも。火がフーッと消えるように〝いくなあ〟という感じね。そのとき私は〝死ねる〟と思いましたね」。

希林は、40歳以前のある時に、〝死ねる〟と感じはじめたのだ。そして、

「それと前後して、子供ができたんで、やることだけやってみようというんで、後の人生がきちゃったんです。そしたら、世の中がたいしたことじゃなくなっちゃったんですね。（略）人がどう見ようと関係ない。自分に対して恥ずかしくないか。常に自分にだけ見栄をはることになったんです」。

灰谷という教育問題研究家は、インタビュアーとしても超一流。この本にでてくるすべての人が、身をのりだして、自分の信条を気持ちよく吐露している。

子どもに関しては、希林は、

「自分をあたり前のところに置くという作業をできるだけやっているわけです」

「（略）うちのダンナは包丁ふりまわして新聞に載っちゃう人ですからね（笑）。朝、新聞を見て私が〝也哉子、来てごらん、お父ちゃんが出てるよ〟って言ったら（略）〝ワァー、ほんとだ、出てる出てる〟だからといって決して軽蔑もしないですね」

「（略）私にとって、この子を育てるとはどういうことかと考えました。（略）この子に食べ物だけをきちっと食べさせよう。（略）子供を産む前ですけど、私、度忘れがひどくなったんです。それで食事を変えてみたら回復してきたもので、子供がお腹にいる間も玄米食を続けて、子供が生まれてからも、とにかく食べ物で（注・子供の）体力を作っておこうと思ったわけです」。

『「時間ですよ」を作った男』
――久世光彦のドラマ世界――

加藤義彦

双葉社

テレビの黄金時代は、いつの頃だろう。仮に70年から78年頃としておこう。ふりかえってみると、その9年間がコドモも大人も真剣に画面にクギづけになっていた最後の時期かもしれない。コドモは、夕方のマンガ・アニメを見て、食事して、そのまま大人むけの番組を見ていたし、大人の方は、映画全盛時代の黒澤明の映画を見るような気持ちでテレビのドラマを追いかけていた。

コドモは、大人むけのような、すこしエッチなコントが売りのドリフターズの「8時だョ！　全員集合」に集中していたし、大人は10回以上も週1放送されるドラマに夢中になった。大人とひと言でいったが、この時分には高齢者の男女、若い男女が同じドラマを追いかけていた。ビデオはまだなかったのでリアルタイムでブラウン管の前に座らざるを得なかった。

そのTV黄金時代の中心にいたのは、TBS「水曜劇場」ディレクターの久世光彦だった。「時間ですよ」は最初15回の予定だったが好評で、つまり視聴率がよくて30回まで続いた。

平均視聴率は29・5%。最高視聴率36・2%。水曜劇場シリーズ最大のヒット作となった。視聴率はテレビ会社の収入に直結している。

そんな成功をおさめながら、ＴＶドラマ界に大冒険ともいえる新機軸、アイデアをつぎつぎに盛りこんでいく久世。樹木希林は、久世の「時間ですよ」から、久世の強引な希望で出演した。久世の好きなギャグづくりにも希林はアイデアを出した。それ以来、「寺内貫太郎一家」「ムー」「ムー一族」に、重要な役として全ドラマに出演し続けた。

新アイデアを出すたびに、もちあがる上層部からの圧力を、久世は、希林とともに抵抗した。久世にとって、希林は、戦友のような存在だった。

久世は新番組になるたびに笑い、ギャグ、新アイデアを増加させていった。ベテラン喜劇人の起用、当時、最大のアイドル郷ひろみのドラマ初出演。ニューミュージック界の新星を次々と番組に関係させたこと。直木賞を貰う前の向田邦子に脚本をまかせたこと。たけしのＴＶドラマ初出演。そして、とどめは、ＴＶドラマをニュースショウのように〝生放送〟でやったこと。この本は久世を中心にまとめているため、希林については、あまり触れられていない。しかし、メディアの目につかないところでは、希林は久世の感性の一部、両手両足となって最高のアシストをしていた。久世がＴＢＳをやめる直前の「ムー一族」の打ち上げパーティでの希林のバクダン発言が、それを物語る。久世が「ムー一族」にでていた脇役の若いコと不倫をしていた。スタッフは全員知っていたが、なにも言わない。それを見て見ぬふりはできずに、希林は、久世とスタッフの張りつめた気持ちを楽にさせてあげたかったので、多数のメディアが集合している席で、それをバクロした。ものを破壊したくなるという希林の本性が、あらわれたが本心は〝ガス抜き〟だった。

『追悼　草野心平「歴程」No.369』

歴程社

文化勲章をもらった大詩人。芸術院会員になった時、草野心平は、友人の亀倉雄策に心配そうな顔で、「亀倉さんよ、芸術院会員というのは鉄道の無料パスがもらえるというのは、本当だろうかなあ」と言った。

この話は、樹木希林が、出演依頼があると、まず、で、ギャラは、いくらなの、と尋ねた話と、よく似ている。天衣無縫なところが。もちろん希林が一番好きだった詩人なのだから、草野の〝天〟は、希林の天よりも、もうすこし大きかった。

120人以上の、友だちが、追悼文を書きそれをまとめたのが、この雑誌「歴程」。

「草野さんの上には、いつも天がひろがつている。それも何層かになつて拡つている。空気天、透明天、青天、玄天、玄々天、……。草野さんはそうした天の下で生きている。毎日のように、そうした天と会話している」井上靖。

「それは朝井氏の火葬場でお骨あげを皆でした時である。殆ど終ったがまだ粉々になったものが熱い鉄板の上に残っていた。無言で見ていられたが、いきなり両手でかき集めようとさ

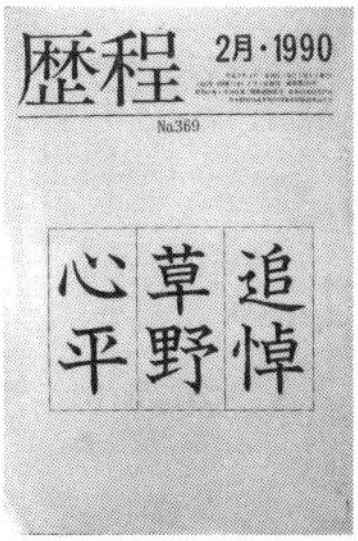

れた。熱いからと止めたがきゝ入れられなかった」仲田好江。

「しかし、何よりも私が心平さんの死を悼むのは、あんなに感情がゆたかで、心がひろく、ふかい人に、これから二度と出会うことはあるまい、と思うからなのです」中村稔。

「私は先生と差しで酒をかわしたことがあるが、その時〝億万万の蝶は舞ひ。／七色の霞たなびく。（略）標野《しめぬ》の人も歌ってゐる。〟と、私の大好きな先生の玉作〝富士山〟を暗記していたので、これを吟じると眼を細めて喜んでもらったのが何より嬉しかった」森繁久彌。希林の尊敬する森繁と、大好きな詩人、草野心平とは、こんな間柄であった、と知って、希林は、思わずニンマリとしたことだろう。

「母は亡くなる数日前に、病室の中にある御見舞の花の山を見て〝もう花はいらないわ〟と云い、〝家から草野さんの色紙を持って来て〟といふので病院へ持って行き、寝てゐて見られるところにかけて死ぬまで毎日眺めてゐた」森田麗子。

「巨きな人だったとつくづく思う。もちろん体つきのことではない。詩人としての巨きさ。そして、人間としての巨きさ。心平さんに忽然と逝かれて、詩界には、日本には、宇宙には、ぽっかりと大穴があいてしまった。

（略）同人会や催し物などで心平さんに接するたび毎に、感じてきたのは、まじり気のない『詩』（ポエジー）が、ここに人間の形をして生きているという、その驚きだった。全身がこれ「詩」であり、その「詩」が、外界の『詩的なるもの』の一切と鋭敏に反応しつつ存在している。そういった印象を常に与えつづける詩人には、もうこれで当分お目にかかることはないであろう」入沢康夫。

草野心平は、88年11月12日に、卒した。

『女性作曲家列伝』

小林 緑 編著

平凡社

本の帯に「音楽史に登場する作曲家はなぜか男ばかり。優れた音楽を残した女性作曲家はいなかったのか。数多くいた」と。

はじめに、小林緑は記す。「著名な男性作品にひけをとらない見事な音楽もまた、数多く女性たちの手から生まれていたのである。人はそれを知らされてこなかっただけなのだ。（略）本書で取り上げた外国人の女性作曲家はわずか15人である。しかし17世紀から二十世紀まで、その音楽が一般的によく聴かれている時代を通して、ある程度まとまった数の女性作曲家を、海外の書物の翻訳ではなく、書き下ろしでご紹介する初めての試みという意義はあると、自負している」。つまり、世界で最初の、クラシック畑の女性作曲家列伝である。それを編著の小林緑以下、大谷嘉代子、木下まゆみ、小中慶子、佐々木なおみ、玉川裕子、辻浩美等9名でなしとげたのである。

希林も、すごい本を保存版としていた。本書には、日本の女性作曲家も紹介されている。幸田延、松島彝《つね》、金井喜久子、吉田隆子、外山道子、渡鏡子の六名。

幸田延は、文豪、露伴の妹。ウィーン音楽院に留学。帰朝後、世間からスターのような扱いをうけるが、東京音楽学校で、首席教授になると、〝大芸術を婦女子の手にのみ委ねるのは国辱〟との時代錯誤、差別観により、退職に追い込まれる。

松島彝は、〝おうまのおやこはなかよしこよし……〟の唱歌の作曲家。松島は、晩年、仏教音楽に情熱をかたむけ、「カンタータ《極楽荘厳》」を完成させた。

小林以下、日本音楽関係者が、ほりおこした17、18世紀のヨーロッパ女性作曲家たちの紹介が紙幅の大部分を占める。

17世紀のヴェネツィアに生まれたバルバラ・ストロッツィは、15歳の頃から歌手として才能を認められたが、しだいに作曲家の道を歩みはじめる。そして生涯125曲も作曲した。しかし女性蔑視がはなはだしかった当時の社会は、娼婦のような肖像画を、彼女のただ一枚の画像として残した。カンタータの創作に生涯をかけた名歌手。

18世紀のウィーンに生まれたマリアンネ・マルティネスは、めぐまれた音楽環境に育ち、女性でありながら、偉大なマエストラ（マエストロの女性名詞）と呼ばれた。17歳でミサ曲を作曲した。モーツァルトも、彼女のサロンで、彼女と「四手のためのピアノ・ソナタ」などを共演。ハイドンも、若い頃、彼女の実家で食事をしていた時期があった。マリアンネは、200曲以上の作品を書いた。

1879年、ウィーンの名家に生まれたアルマ・マーラー。彼女は、夫のグスタフ・マーラーが亡くなった後も、建築家W・グロピウス、画家クリムトといった芸術家と恋愛遍歴を重ね、〝ファム・ファタル（宿命の女）〟といわれた。アルマは、マーラーと結婚する前に、すでに百曲以上の歌曲をつくっていた。

『美齢学』

――生きるほどに美しく――

山野 正義

朝日新聞出版

〝アメリカンドリーム〟という言葉がある。自分が生まれた国を無一文で離れて、アメリカに渡り、苦学して、新しい企業、または個人的な夢を立ちあげ、または名声と金を得る、ことに成功することである。

日本人では、60年代に、ニューヨークで鉄板焼きレストラン「ベニハナ・オブ・トーキョー」の名のレストランを立ちあげ、鉄板の前で〝サムライシェフのクッキングダンス〟で大人気をあつめたロッキー青木。

著者の山野は、そのロッキーの偉業を紹介しながら、2人目の、アメリカンドリーム体現者として、自分の名をあげる。

「東のロッキー、西のマイク」と。山野の母は、日本美容界の大物、山野愛子。愛子は、すでに美容学校を持っていた。

山野正義は、いきなりロサンゼルスの銀座ともいうべきウィルシャー・ブルバードに、「ヤマノ・ビューティカレッジ」を設立。大成功する。

〝ＬＩＦＥ〟という英語がある。正義は、人生を語るとき、「ＬＩＦＥ」という言葉を用いて説明する。最初の「Ｌ」は、「ＬＩＶＩＮＧ」で「生まれる」。最後の「Ｅ」は「ＥＮＤ」で「最後」を表す。そのあいだに入る「ＩＦ」は、人生の過程のなかで発生する無限の「ＩＦ（もしも）」を表し、これが「その人だけのストーリー」をつくりあげる基本的な要素である、と。帰国後、山野美容芸術短期大学を設立し、「美容福祉学科」を創設し、美容福祉界の第一人者となった。そして美容福祉学の研鑽から、「美齢学」を考えだす。

希林の手元に、この本が置かれたのは、18年3月以降。「せっかくできたシワだから、大事にしたい」といっていた希林が、この美齢学の本を保存版としてたことは、まことに不思議なことだという気がする。

正義が美容福祉の必要性に気づいたのは、母、愛子が入院中も、毎日、シャンプーを強く希望したこと。愛子は、自分の店のトップ美容師にそのシャンプーをまかせた。ところが愛子は、苦痛だけをうったえた。そして病床にあり、点滴をつけた病人だとしても、美容室と同じようなサービスを受けられるよう、専門の技術を持った美容師を養成すべきだ、と正義に宿題を残した。

元気なときの希林は、美容院ではなく、床屋に好んで通った。日本の職人技ともいえる、床屋の手際の良さを称讃していて、「女優がサラリーマンと同じ床屋へ行く」というのを本人はとても気に入っていた。

もう自分の命は、あと数ヵ月持つかどうかという判断は希林にはあった。自宅で死をむかえるにしても、シャンプーは町の床屋のように、気持ちよく、手際よく、やって欲しい、と思うのは希林のささやかな願いだったのかもしれない。

『したくないことはしない』

―植草甚一の青春―

津野海太郎

新潮社

学生のデモが、さきごろの香港のように猛威をふるって東京の盛り場、新宿、銀座、六本60すぎのファンキーな雑文書きのおじさんがいた。まだ雑誌と本が大好きな青年たちが多数残っていた。

そういうデモ騒ぎを別世界のこととして、植草甚一は、毎日毎日、東京中の古本屋をめぐり歩いて、自分ひとりでは持てないほど大量の古本を買っていた。

〝ぼくは散歩と雑学が好き〟とか、〝雨降りだからミステリーでも勉強しよう〟〝ぼくは自由と安ものが好き〟〝モダン・ジャズの発展―バップから前衛へ〟〝映画だけしか頭になかった〟などという、雑であり軽い思想が、自閉症気味の若者のココロを捕らえた。

この本の著者、津野海太郎は、植草の単行本を集中的に出版した晶文社の植草担当編集者になっていた。70年前後に、津野は、樹木希林たちが立ち上げた演劇集団「六月劇場」の演出家もつとめていた。

この『したくないことはしない』は出版された09年に、津野から希林に贈呈本として発送

された。そのサブタイトルに、〝植草甚一の青春〟と記されているように、〝若者の教祖〟になる前の苦闘時代を詳細に調査し報告している。しかし、考えてみれば、植草にとって、好きなことだけをしていた数年間だけが青春ではなくて、わがままを通し続けた71年の生涯そのものが〝青春〟という名に値する。

希林も、急にマスコミの脚光をあび、時代の寵児となった植草甚一という名前は知っていたと思う。しかし、希林の百冊には植草の本は一冊もなかった。

植草の雑文のファンは男性が多かった。それも独身者か、妻帯者でも、妻とうまくいってないで、自分ひとりの小世界を持ちたいと妄想している、おとなしい夫というイメージがある。好きだという女性をあまり知らない。

女性は本能的に、こんな男と結婚したら、汚れた古本に家中を占領されて、自分の理想のインテリアでみたされた家には一生、住めない、と感じていたのだろう。

この「希林の百冊」が出版されることになったのは、希林との会話で、植草の家の惨状を見ていた筆者（椎根）が、本好きの人の家は汚くなりますね、読書家の希林さんは、どういうふうに整理しているのですか、と尋ねたことからはじまった。清潔好きで、読書家の希林の〝百冊以上は置かない〟という答が、きっかけだった。筆者は、平凡パンチ誌で68年から植草担当編集者だった。何度も、植草の家へ行った。

植草夫人、梅子さんは、33年間も、その汚い古本に、ガマンにガマンをしていたが、植草が亡くなると、すぐ5万冊の古本を神田の書店で、バーゲンセールのようにタタキ売った。その売り上げは、たいした額にならない、と梅子夫人は、わかっていた。二千枚のレコードは、タモリが買った、という。

『古事記の宇宙《コスモス》』

——神と自然——

千田　稔

中公新書

『古事記』に登場する神々・神話と自然の関係を、とくに樹木・草木にポイントをしぼって書かれている。

「中国道教の宇宙根源の神は、元始天尊であれ天皇大帝であれ、天地万物の根源の太極を象徴化したものにほかならない。太極は、万物生成の根源の『気（潜在的活力）』をもち、その根源の気（元気）から、陰陽二つの気を生成する。つまり、中国道教における万物生成論は『気』を基盤として展開される」と千田は記す。古事記も、大きくいって道教の影響を受けている、と。

道教の「気」は、古事記では「霊」に置き換えて記された。

だから古事記では、植物は、それぞれ霊魂や精霊などの霊性を持っている、とした。その解釈は、現在ではアニミズムと呼ばれている。

古事記に最初にでてくる植物は、葦《あし》（ヨシのこと）で、それは神話の地上を象徴している。だから「葦原中国《あしはらのなかつくに》」と日本を表現した。

桃の種は、邪気を払う力を持っている、と信じられていたとも千田は記している。そして邪気とは「他人との会話などによって影響を受けるよこしまな心である」と踏みこむ。

日本中に神宿る神樹がいまも残っている。「神の数は、一柱、二柱……とかぞえることからも、神と樹木のつながりを知ることができる」とも。

希林は、この文章に赤く傍線を引いた。これは、希林の心のうちに「心機（ココロのはたらき）」が発したというべきだろう。心機一転という熟語があるが、その心機である。

この本の113頁の左スミは、折られ、その跡がまだ残っている。

「いま、新しい自然観が求められている。（中略）アニミズムの根本は何か。それは木にも、石にも、虫にも、鳥にも、もともと、カミが宿っていることを認め、そういうカミでいっぱいの自然を尊重しながら生きることだ。そうすると、木は木として宇宙の主人公になり、山は山として主人公、ひとは誰もかれも一人ひとりが主人公になる。自分も、また、その仲間になって、風景が生き生きとしてくる。これがアニミズムの本質なのだ」。（『木が人になり、人が木になる。』）岩田慶治著　人文書館　２００５年）

この文章は、全文、著者が、同じ考え方の持ち主として先輩学者、岩田慶治の『木が人になり、人が木になる。』から引用した。

希林がこの岩田の本を買ったかどうかはわからない。保存版の百冊にはなかった。しかし、岩田、千田の説、草木に、霊性が宿っている、という考え方は、希林に大きく影響している。たとえば〝せっかくできたシワだから、もったいない〟という発言は、人間も草木も、自分も、自然の一部なのだから、神木だって枯れ葉をつけるのだから、人間も終わりの時期に、シワが寄るのは、自然の成りゆき、という心境が、その発言となった。

『楢山節考』

深澤 七郎

中央公論社

作家、深澤七郎のデビュー本である。深澤が世にでるキッカケとなった「楢山節考」と次に書いた「東北の神武たち」、「揺れる家」の3つの小説が収録されている。

「楢山節考」は、ある新人賞の当選作。その時の選考委員は、伊藤整、武田泰淳、三島由紀夫。三島由紀夫は、自分には絶対書けない「楢山節考」を、まるで深澤が雇ったチンドン屋のように、賑賑《にぎにぎ》しく、いろんなマスコミで、大宣伝にこれつとめた。そのせいで、深澤も、楢山節考も、〝ブーム〟といってよいような喧噪につつまれた。

「楢山節考」「東北の神武たち」の2作は、特定されてないが、江戸末期の、飢餓寸前の日常を送る信州、東北の名もない農村の農民たちの生活を舞台としている。白米は、あまりに貴重なため〝白萩様〟とたてまつられて、年に1、2回しか口にできない。

歳老いた女は、〝食い扶持〟を減らす目的で、みずから進んで、深い山に入って、衰弱死するのが、理想的終末と考えている。

次男、三男坊は、一生結婚できず、農奴のように飼い殺し人生を送る。娘たちは、仔馬の

ようにある時期になるとマチの悪所へ売られて行く。

現在、社会問題になっているパワハラ、セクハラ、レイプ、子ども虐待、幼児ごろし、弱者イジメ、老人イジメなどというものだけで、フツーに成り立っていたのが〝楢山節考ワールド〟。

その深澤の楢山節考ワールドも、文学者の表現によると、ヘミングウェイ、フォークナァ、ジョイスの小説のようだ、となる。

この表紙のオビに、大文学者、正宗白鳥は「人生永遠の書」と大書した。たしかに、この本の奥付けをみると、「昭和三十二年二月初版、昭和五十二年八月21版」とあり、なんと20年の間、深澤に不幸な大事件があったにもかかわらず、売れ続けていた。

伊藤整は解説にこう記す。「我々の祖先は、たしかに犠牲による死を契機として他者と愛の連繋を持つ方法を知っていた」などと書いているが、そうではなく、「楢山節考」の主人公おりんのように、70ちかくで立派で頑丈な歯を持っているのは恥ずかしいといって、火打石で歯をくだき、「早く、早く、うれしい気持ちで、山に入り死んでしまいたい」という困窮からくる滅私的死生観が、当時の老女たちのあいだで、共有されていたのだろう。

希林も、経済的にではないが、おりんのような身の処し方をする時があった。

年に数度の、鹿児島でのピンポイント放射線治療をすますと、希林は、担当医師、看護人たちに、大きな声で、「さあ、食事に行こう、今夜は、大いに飲もう！」と元気よくいって、街へくりだした、と、聞いている。がんをなおすためための放射線治療直後の飲酒は、火打石で歯を折るおりんよりも過激行動だ。これでは、まるで、おりんが、希林に、のりうつったみたいだ。希林にとっては、まさに、「人生永遠の書」となった。

『柔らかな犀の角』

山﨑　努

文春文庫

週刊文春に、8年間にわたって連載された俳優、山﨑努の「私の読書日記」を単行本化したもの。大巨編を一気に読ませてしまう筆力と、読む者を疲れさせない、漬け物みたいな魔力を持った山﨑の構え方。新聞の書評にはあまり載らないタイプの本が、ところどころに散りばめてあって、その奇人変人、高齢者、落伍者が光彩をはなち、書物の発する、うっとうしい気分を雲散してくれる。

『人間臨終図巻』（山田風太郎）の項では、「（略）ずっと飛んで終りから九人目に熊谷守一、九七歳で死んだ人、がいる。僕のアイドル『モリカズ』が訥々《とつとつ》と（おそらく）語る。『わたしってしみったれですから幾つになっても命は惜しいです。（略）どういうわけなんですかね。生きていたってたいしたこと無いでしょう』（文藝春秋）とひとりで石ころと遊びながら暮らした。あんなに浮世離れした人にしてからが、『どういうわけなんですかね』なのだ。人生どこまでいってもわからない」。

名優、山﨑努が〝僕のアイドル〟という画家、熊谷守一。

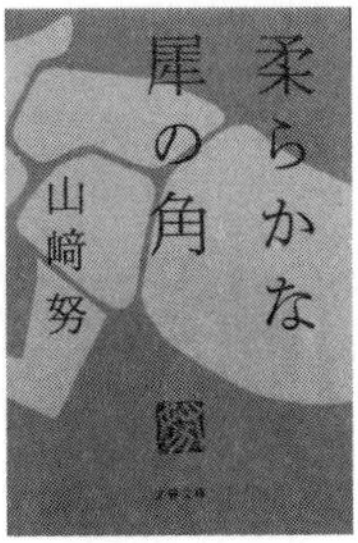

「読書日記」の第1回目も、熊谷守一の本。

「熊谷守一《くまがいもりかず》という画家は九七歳で亡くなったが、晩年の三〇年間、自宅から一歩も外に出なかったそうだ。そんな人がいるのかとびっくりした。僕はこの話を『獨樂《どくらく》熊谷守一の世界』（藤森武　世界文化社）で知ったのだが、蟄居《ちっきょ》三〇年のあれこれを披露した続きに『でも8年ぐらい前、1度だけ垣根づたいに勝手口まで（三〇メートルほど）散歩したんです。あとにも先にもそれ一度きりです』とあって、もう笑うしかなかった。（略）木や草がジャングルのように生い繁る五〇坪ぐらいの庭を両手に杖を持って歩いているフルショット。和服、下駄履き。『私は生きていることが好きだから、他の生きものも、みんな好きです』と頭にとまったカラスに髪をくわえさせ微笑している顔など、どのカットもみないい」、との山﨑の文。

この山﨑の『柔らかな犀の角』は、献辞入りで、樹木希林に贈呈された。「二〇一七、七、七　感謝を込めて　山﨑　努」と蔵書印も押してあった。

希林が、文学座に入った頃、彼女の〝憧れの役者〟は、山﨑努だった。人生のオシマイが近くなっても〝憧れの山﨑努〟。研究生の時から57年後、つまり希林が亡くなった年に、ふたりは、はじめて共演した。それが熊谷守一夫妻が主人公の映画「モリのいる場所」（沖田修一監督）だった。18年の暑い夏、がんは進行していた。それでも希林は自分で車を運転して、連日、鎌倉まで、でかけた。

希林は嬉しかっただろうし、山﨑も〝僕のアイドル〟というモリカズ役を演じて満足だった、と思う。守一夫人役が、希林となったのは、山﨑の強い要望だった。その出演を希林が快諾してくれたので、山﨑は献辞に、〝感謝を込めて〟と記した。

『文藝別冊　総特集　是枝裕和』

河出書房新社

グランプリ受賞映画監督、是枝裕和についてのあらゆる角度からの評論、感想、対談をあつめた「KAWADE夢ムック」本（17年）。

編集後記は、Sという頭文字だけが記されているが編集人の千美朝のことだろう。彼は記す。「（略）私が、家族を壊したくなった過去がある。その時、『歩いても　歩いても』を観た。決意が固まった。壊すのではなく新たな関係を構築しよう、と」。

「歩いても　歩いても」（08年）は、是枝監督。樹木希林も是枝監督作品にはじめて出演。この映画は、世界各国の映画祭に出品された。希林も主演女優として、欧州と日本の映画祭の主演女優賞を総ナメにした。秋には、紫綬褒章も受章。

この本の核みたいな、24頁にわたる対談「リリー・フランキー×是枝裕和」でも、希林の演技について、二人は語っている。

是枝　希林さんはまた全然違って、鍛錬というか積み重ねをしている人。たとえば団地に暮らしているおばあちゃんの役をやるときにはすごく準備してる。

リリー　すごい下調べされますもんね。希林さんは上品な人なんで、その役作りを表には出しませんけど。

是枝　下調べもするし、どう自分をその空間に馴染ませるかというのを考えてますよ。（略）

リリー　希林さんは『海よりもまだ深く』を見てても、本当にすごく日常的な言葉で、その場で出たアドリブでもまあ自然だなというようなセリフもあれば（略）、希林さんのあのセリフを聞くと、プロというすごさを感じるんですよね。そして、希林さんしかこれを自然に言えないから是枝さんも書いてる。他の女優さんだったらこのセリフを言わせないなと。

是枝　あのときはちょっと希林さんに寄っかかっちゃったんですけど。

リリー　あそこのシーンはすごく好きなんです。是枝さんと希林さんの信頼関係を感じましたね。

　最後に、是枝とリリーは、司会者にお二人にとって母親とは何でしょうか、と聞かれる。二人がこもごも自分の母親を語るところで終る。その〝終り〟の余白に、希林の手書で、「なんだかんだと言ってもさ、皆、いきなり父になり　いきなり母になるんだョ」と。

　是枝とリリーに誉められるより、希林にとってもっと嬉しい話が、この本にある。それは、映画評論界の大御所、蓮實重彥が、その評論の最後にこう書いている。「（略）女優志望の大柄な少女（内田伽羅）が、覚悟を決めて一世一代の芝居を打って騙してみせた見知らぬ老婆から丹精こめて髪を梳られる場面の思いもかけぬ—この作品で唯一の—クローズアップにはぜひとも触れておきたい。（略）ここでも、一人の少女に、『大人の映画』にこそふさわしい持続を深々と呼吸させているからだ」と。あの〝重厚荘重〟が歩いているような蓮實が、ココロのハズミを押えきれないように……。もちろん、是枝と伽羅（希林の孫）両人に。

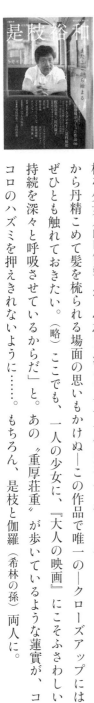

『星の王子さまからの贈り物』
―サン＝テグジュペリの言葉―

ドリアン助川 訳・文

ポプラ社

副題に「サン＝テグジュペリの言葉」とあり、〝心にいる大切な人〟とある。オビに、「ほんとうに大切なものは目に見えない」とも。そして、「本書は、世界中から愛されている名作『星の王子さま』の中から、大切な人に心をこめて、贈りたい素敵な言葉を選びました。扉にはメッセージを書き込める、カードがついています」とある。

わかりやすく言えば、フランス語で書かれたサン＝テグジュペリの「星の王子さま」を、ドリアン自身が、日本語に翻訳し、気に入ったフレーズを、掲載したもの。新たに、サン＝テグジュペリの原稿がでてきたわけではない。

〝扉にはメッセージを……〟とあるが、希林が保存していたこの本には、ドリアン助川の筆跡で、〝樹木希林様　外国の映画祭にいっしょに行きましょう！（英字で）ドリアンS〟とあった。

映画「あん」は、ドリアン助川の原作だった。「あん」は、15年のカンヌ国際映画祭に出品された。オープニング上映時には、河瀬直美監督と、主演の、樹木希林、孫娘、内田伽羅

と一緒にタキシード姿のドリアン助川の姿があった。一方で、中東や東欧の名もなき映画祭にも、希林とふたりで面白がって出かけた。

53年に岩波少年文庫から出版された内藤濯《あろう》訳の「星の王子さま」と、ドリアンの「星の…」の訳文を比較してみよう。まずドリアン訳を、

「『ぼく、ピンク色のれんがのすてきな家を見たんだ。窓にはゼラニウムの花が飾ってあって、屋根には白い鳩が何羽もいたよ』　こう言っても、大人たちはその家を想像することができません。『十万フランの家を見たんだ』と言うべきなのです。すると大人たちは大きな声でこう言います。『なんてすてきな家なんだ』　大人たちって、そんなものなのです。子供たちは寛大な心で、大人たちを受け入れてあげなければいけません」。内藤濯のは、

「おとなの人たちに〈桃色《ももいろ》のレンガでできていて、窓にジェラニュウムの鉢《はち》がおいてあって、屋根《やね》の上にハトのいる、きれいな家《うち》を見たよ……〉といったところで、どうもピンとこないでしょう。おとなたちには〈十万《まん》フランの家《うち》を見た〉といわなくてはいけないのです。すると、おとなたちは、とんきょう声をだして、〈なんてりっぱな家《うち》だろう〉というのです」と。

読後感としては、内藤の方には、大人の押しつけがましさがない。子どものシンプルな会話で充分、わかる。それにくらべて、ドリアンの方は、教訓的な〝子供たちは寛大な心で、大人たちを受け入れてあげなければいけません〟と、神父さんの忠告みたいになっている。

内藤濯の〝名訳〟を、後から訳す人は、タイヘンだろう、と思う。内藤は、〝とんきょう声〟という決定的な言葉をさりげなく見つけた。ドリアンは、〝大きな声〟で、と訳した。

王子さまは、どちらが気持ちよかったか。

『画家 正子・R・サマーズの生涯』

正子・R・サマーズ 著

原 義和 編　宮城 晴美 監修・解説

高文研

この本の表紙のオビは樹木希林が書いた。「〃罪深い身である人間〃を、よくよく　よく生きた婦人です」と。

著者、正子は4歳の時に、両親によって那覇の遊郭へ売られた。大きな並松楼につれてゆかれ、琉球舞踊と箏をしこまれる。

学校は、小学3、4年まで通った。正子は記す。14歳で初潮があり、「生理が始まるということは、苦しみの始まりを意味していた」。幼い娘たちを監督する役目はアンマー（抱親）たちで、正子は、アンマーから、あなたには莫大な借金がある、と言われる。それを返すために〃水揚げ〃（男と床をともにする）を強制される。

44年、遊廓の女性は、全員、日本軍と一緒に行動するように命令がくだる。正子は、U大佐から、自分たちに同行して、将校をもてなしてくれ、と頼まれる。正子は、U大佐に特別可愛いがられて、そのうえ、まだ17歳だったので日本軍慰安所で、働かなくてもよかった。他の女性は、生き地獄だった。「毎日、たくさんの兵隊たちが列を作って、代わる代わる

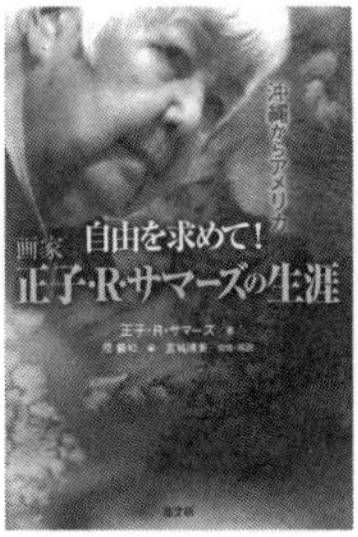

彼女たちを抱く順番を待っていたのだ」。と正子は書く。

5月の30日頃、首里を離れて糸満へ移動させられる。その行軍は、常に米軍の砲撃、敵機の爆弾と機銃掃射におびやかされ、何度も死線をさまよった。友とふたりで、さまよっているうちに、米軍の捕虜になるが、米兵士の手厚い看護をうける。正子は、コザ収容所で、敗戦を知る。故郷に帰るが、住む家も焼かれ、食べるものもなく、海にでて漁をすることも米軍に禁じられていた。

正子は、米軍基地のメイドになる。次に石川ビーチの調理場で働き、ノーマン・サマーズ兵士からプロポーズされ、結婚。50年、正子とノーマンは、米軍政府から法律婚の許可を得る。52年、ホワイトビーチを船で出港し、インディアナ州の彼の実家へ。

68年、ノーマンのすすめで、教会で油絵を学ぶ。費用は、たった7ドル50セント。そこで正子は、生まれてはじめて水彩画を習う。

73年、アリゾナ州ユマで、美術コンテストがあり出品。一等に入賞。正子は、「まさしく神様からの贈り物だった」と。出品した絵を買いたい、という女性があらわれ、２５０ドルで売る。その後も、次から次と、〝正子の絵〟を買いたい人があらわれる。毎日、睡眠時間2、3時間で、絵を描き続ける。それ以来絵を描くことが職業となり、自分の画廊まで持つ。

沖縄戦で、生きのびたこと。戦後の沖縄で生き抜いたこと。英語での米国生活。数度の流産。まさに艱難の人生を生きぬき、奇跡のように人気画家になった。そういう、ひどい目にあいながらも、ホープ（希望）を持って生きぬいた日本女性だ。

死の前年の希林も、感嘆して〝よくよく生きた婦人です〟と書いた。婦人という所をレディと言いたいほど凛《りん》とした人生であった。

『音楽に生きる』

中野 雄 編著

求龍堂

中野雄《たけし》は、音楽プロデューサー、NHKラジオ深夜便のレギュラー講師もつとめた。

この本は、中野がクラシック界の作曲家、ヴァイオリニスト、歌手、指揮者と公開対談したものを、まとめたもの。いずれも面白いが、ウィーン国立歌劇場に、オペラ歌手として採用されたアンネット・ストゥルナートとの対談が圧倒的に凄い。希林の赤線も、アンネット編が一番多く、10箇所も引かれている。アンネットは日本人。

ウィーン国立歌劇場で正式なポストを得たのは小澤征爾ではなく、アンネットが最初。日本名は公表していない。西宮で生まれる。母（高島春子）からピアノの手ほどきを受ける。中国からの引き揚げ家族で、一文なし。食べるために、アンネットはのど自慢にでて金を稼ぐ。外地生活が長かったので、フランス語はできたが、日本語を話せなかったので、イジメにあう。母が亡くなって一家離散。医者の叔父の家にひきとられ、准看護婦として5年働く。22歳の時、東京藝術大学と武蔵野音楽大学を受験。成績は両校ともトップだったが、奇抜なファッションが理由で両方不合格。ウィーンに渡り、オペラ座の団員募集に応募。ただ

ひとり合格。日本では学歴差別でイジメられたが、ウィーンでは人種差別でイジメにあう。180人中、東洋人はアンネットだけ。そこでは、〝出ていけ、この黄色いサル〟と。

しかし、大指揮者のカラヤンに認められ、バーンスタインにも、頑張れといわれる。

中野　朝日カルチャーセンターの講座で、二度ほど講義とレッスンをしていただきました。

アンネット　あの講座には、とても優秀な生徒さんがいらっしゃいましたね。声もきれいでした。でも、一番大事なものが無かった。呼吸法です。つまりのどだけで唄っていた。（略）一気に声を乗せて唄わなきゃいけないんです。息を全部吐き出して、伸びていく。（略）（ウィーンの）大学に入りますと、まず解剖学から勉強させられる。歌い手のここ（腹部）が、生理学的にどういうふうになっているのか。

中野　（略）では、あと何があれば、一流に近づけるのか（略）。

アンネット　感性だと思いますね。残るものは、その人の教養であり、魂のうねりのようなものだけです。（略）大切なのは、それをどういうふうに表現していくのかということ。そこにはやっぱり「心」が無いとダメ。それには「無心」になることが必要です。（略）

最後にひとこと申し上げますと、歌だけ唄っているのではいけません。歌はその人の生きざまが出るわけですから、いい本をたくさん読んでほしい。いい絵もたくさん見て欲しい。政治にも興味を持って欲しい。そして、作曲家と対面することがとても大事です。（略）べつに私のような苦労をされる必要もございません（笑）。大事なのは、自分でそういう戦いをしかけて、いろんな局面を自分から切り開いていくことだと思います。

彼女は戯曲家ブレヒトも読みあさった、と。

『一流の理由《わけ》』

加藤 浩次

宝島社

TVの司会者、加藤浩次が各界の成功者たちに聞く「生き方」の問題。野村克也、鎌田實、樹木希林、倉本聰、新海誠、中野信子（脳科学者）、福岡伸一（生物学者）、小林快次（恐竜学者）、渡辺明（棋士）、篠山紀信。12年にはじまって、この本が出版された14年までに76人のゲストをむかえて、そのなかから上記の10人との話を活字化したもの。

希林のキャラクター、ポジションは、この時期に〝確定〟したようだ。だから、この対談には、希林の〝売り〟がすべて露出している。

「マネージャーは、いない。着てきた着物は、すこし前に雨に濡れたから、ちょっと着てあげて日の目を見せてあげてる。買うのは靴下だけ。下着は死んだよその亭主のラクダのステテコとか股引。身の丈に合った生き方。いつ辞めてもいい。芸能人をやるために人間やってるわけじゃない。ドラマにしてもバラエティにしても自分が満足しているんならそのままでいい。何がどうなろうと、『なるほどね』という風に、受け取っている。仕事を選ぶ理由は、『来たとこ順番』。仕事をことわる時も『なんたって全身ガンなのよ～』ですむ。この仕事を

受けたのも、『なりゆき』で。主演じゃなくて『チョイ演』が好き。こんな役やってみたい、という考えは、一切ないです。上昇志向がないから、世の中、面白くも何ともなくなってきた。内田裕也が普通の物わかりのいい人だったら、またつまんなくなったと思う。裕也は、世の中の人に対して挑みかかるみたいな感じでしたね。それに、不遇な人でもあった。内田さんの方が被害者なんですよ。捕まっちゃったみたいなね。会話が戦いになるから一緒に住めない。あの人（内田）は誰に対してもエネルギーが均等なの！　あの人のいいところは、平等ってこと。人生を畳んでいく方向にしよう。自分の『浄化』ってこと。嫉妬はあります。なくすんじゃなくて、そこにこだわらなくなりたい」。

　これらの希林の言葉は、18年に亡くなるまでメディアでコトダマのように繰り返された。死後も繰り返し、活字にされた。希林の言葉は、つまり歌舞伎の名セリフのように古典化したのだ。

　この希林の話の総論と、同じ本に入っている、IQがメチャクチャ高い脳科学者、中野信子の話は、同調する。

　中野は、対談の最後にこう言う。「いじめですごく苦しんでいるお子さんがいるとしたら、戦わないのも勇気ですよね。『もう学校行きません』って言っちゃうのもひとつの方法だと思います。（略）捉え方ひとつだと思うんです。そして、その捉え方というのは、それこそ脳の問題なんですよ。私たちって、その場にいたら、集団の同調圧力があるから、学校とか会社がすべてだって思いがちですよね。でも、自分自身にとっての『自分という存在』は、その集団よりも大きい存在なんだという風に認知を変えるべきなんですよ」。希林が死の直前に真摯にむきあったのが「不登校児」問題。

『西域をゆく』

井上靖　司馬遼太郎

文春文庫

60年代、日本は〝シルクロード・西域《せいいき》ブーム〟に沸いた時代でもあった。文化大革命をはさんで、70年代末頃まで、その熱は続いた。そして、78年に潮出版社から、この『西域をゆく』がでて、それが決定版という評価を得た。98年に、その名著は、文春文庫に入った。希林は、文庫版を所蔵した。希林の面白いところは、これだけ日本人が、熱にうかされたように、シルクロード・西域ブームになっても、決して、そこへ行きたい、などと言わずに、もっと遠くはなれたエジプト文明の方に、2回も行ったことだ。

西域という場所は、現在は、中国領、新疆《しんきょう》ウイグル自治区となっている。その昔は、于闐《うてん》国といったという。井上は学生の頃から興味を持っていた、とも。井上も、司馬も、〝西域〟信者といってよいほどのウイグル好きである。

司馬は説明する。「ウイグル自治区全体が遊牧民の末裔たちですね。一時は、ジンギスカン（成吉思汗）のころの〝王庭〟になったこともある。つまり遊牧民というのは、（略）どうも農耕民族を見下すところがあるらしい。馬上から見ると、やはり誇りが出てくるのでしょうか。（略）むろん農耕民族は遊牧民族を獣《けもの》のように思うところがあって、相互の均衡が破れたときには、略奪と占領、流血があるわけです」。

井上は、「あそこは、たしかに東西交渉路として、いろいろな宗教が通過している。仏教、景教、マニ教、そしてイスラム（回教）ですが、あまり深い影響は受けていない感じですね、仏教からイスラムへの切り替えだって、べつに大したことなくおこなわれた」と語る。

希林は、司馬、井上の前記のような考察のあとの、司馬と井上の発言のところに赤線を引いた。

司馬は、「要するに、民族問題になると観念的にいきりたつような、どの民族にもあるそういう厄介な要素が、ほとんど見られませんでしたね」。井上も、「見られませんね。そういったところが、なんともいえずさっぱりしていて、いい感じですね。西域という特殊な風土が造り上げたものでしょうか」、と。

いま、ふたりが西域に行ってから40年以上になるが、現在の中国政府が、かかえる最大の悩み事は、新疆ウイグル自治区の独立問題だ。とくに、ウイグル人の人権・弾圧問題は、世界的大問題になりつつある。

西域通の2人の歴史家・小説家の楽観的な予想は、まったくハズレた。希林は、そこのところに、多少の危惧をいだいたので赤線を引いたのだろうか。

ただ、司馬が、ウイグルの民族衣装について語っているところにも、希林は、赤線を引いた。司馬「自分たちの民族衣装を、女の子が守りましょうといった意識ではなくて、すでに皮膚のようになっている。（略）柄は、日本風にいえば、矢絣をもう少しカラフルにしてある。模様の型まで決まっていますね。文化というのは本来、型でしょうから」。

『詩集　われら新鮮な旅人』

長田　弘

思潮社

60年代中期の日本の恋人たちの上空は、いつもアメリカ軍の爆撃音が低く遠くから聴こえてくるような重い空気でおおわれていた。

詩人、長田は、そういう状況下の日本人の無意識下の暗い気持ちを、リアルに表現した。

この本の見返しに、献詞が書いてある。「岸田森様　啓子様　長田弘」。啓子は希林の本名。日時は書いてないが、65年の暮頃。希林はまだ新劇俳優、岸田森と結婚生活を送っていた。翌66年に、文学座を退団し、岸田と劇団「六月劇場」を設立。二番目の夫、内田裕也が希林の本箱からこの詩集を発見していたら、きっとこう言っただろう。「こんなものを後生大事に持っていやがって。オイ!カネダセ」と。

外からみると、幸福そうに見えただろう啓子は、まだ新劇の夢を追いかけて、女優に必須な朗読の練習の跡をこの詩集に残していた。

「吊るされたひとに」という題で、39行の詩。

　森の向うの空地で／鉛を嚥《の》みくだす惨《さん》劇がおわる／あまりに薄明な朝／一人の市

民が吊るされた／絞首台／の真新しい木の香り／がかわいてゆく／ほんのひとしずく赤く／こぼすことさえ拒否した血は／悶絶をこらえ／べったりと霧を抉《えぐ》って／紫黒い死の斑《はん》を滲《にじ》ませる／それでもまだ揺れている／のはその瞬間まで生きていた／その証しのためだ／屍が揺れているのか／世界が揺れるのか（略）

まず漢字についているルビは全部、啓子のエンピツで書いてある。はじめから2行目と3行目の間に「V」サインが入っていて、ここで息つぐところ、というシルシか。屍が、と、世界が、の2行の下にはエンピツで、「ゆっくり」と書いてある。そして詩の最後に長田は（ナチスのユダヤ人迫害の記録をみて）と記してある。啓子の努力の跡がエンピツで……。

詩「ブルー・ブルース」の最後に「いまはねむろう、叫ぶ闇のはて次にはげしく目ざめるまで。／……／ああ　ぼくたちに／おわかれはいつも突然にくる！」

68年、岸田森と離婚。「ふと生活を変えたいと思った。3時間の話し合いで離婚成立」。岸田との結婚生活は、いっさい波風のたたない何の音もしない世界だった。それでこんな生活が、ずっと続くのか、と思った時に、別れようと決心した、と後に希林は語っていた。

「われら新鮮な旅人」。その詩のなかの8行。

ぼくたちは　きっといま／ハードボイルド小説みたいに孤独だ。／ぼくはきみが好きで／きみはぼくが好きだ／そうして　ぼくたちは結婚したが、／それがぼくたちの内なる声のすべてなら／婚礼は血の智慧がぼくたちをためす徴し、／唯一の経験であるやさしさだった。

このフレーズは、この詩集全体が、岸田と啓子の結婚生活を物語っているように読める。だから啓子も、保存していた。

『日常』

—現代日本詩集4—

清岡卓行

思潮社

めずらしく、古本屋で買ったシルシがあるこの詩集。発行は62年。前の所有者の名が書いてある。男の名前。

12〜13頁に、8センチほどの長さの髪の毛が一本、先端がクルリと曲がって、あいまいな〝9の字〟型の。昔は〝空五倍子色＝うつぶし色〟といわれた色。お歯黒の色。絶対、女優ぽい髪。希林の髪の毛。百冊の保存版のなかで、この一本だけ頁に残されていた。

12〜13頁に載っている詩文だけを、詩の題名は「真夜中」。

「若し本当に　生えてきたら／と　かれは空想する／それはどこまでも　延びて行つて／地球をひとまわりすることになるか。／そうなれば　傑作。／踊り子の胴を断ち切つた　いつかの／スカートの針金の輪のように／地球を締め上げて／それをバラバラな　二つの球根とするか。／いや　いや／と　かれは思い直す。／おれはどうして　こんなに／壮大なことを考えるのだろう。／本当には　ちょつぴり／栗鼠のそれよりも　可憐な／房房とした尻尾が生えてくるのではないか。／それは　誰にも気づかれない／おれは　いささか得意。／だが

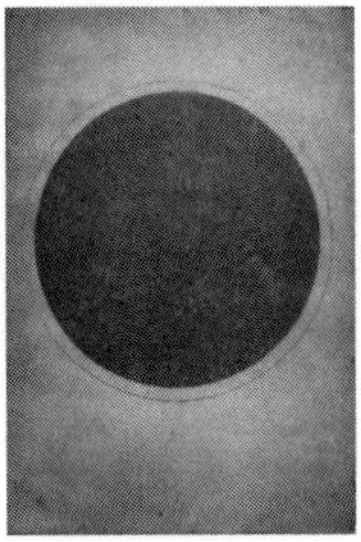

死ぬほどおれを愛している。／あの　体ぢゅう　乳首だらけの女が／忘却の涯に／おれの裸を撫でまわすとき（略）」。

最初に〝舞台〟を目ざした希林は、次の透明なクリスタルのような詩「いつも夢で見る舞台」は、どう感じたのだろう。

「観客席では拍手のざわめき。／いよいよ　おれの出番。／それにしても　楽屋から舞台への／あの　めまいのする階段の途中で／おれの足は　へなへなと崩れ／おれの手は　床の埃に／どこかしら犯罪めいた／指の形でも捺しつけるのではないか？／――そんな心配をしているうちに／おれはもう　晴れやかな／舞台の上の俳優である。（略）／とは言え　おれの心の中は／筋書とは別な恐怖でいっぱい。／この役の途中でおれは　いきなり／ぷつと　吹き出してしまうのではないか？／その笑いはとまらず／おれは芝居をぶちこわして／狂人のレッテルを貼られるのではないか？／――そんな心配をしているうちに／めでたや　無事に幕。／人生とはまんざら捨てたものでもない。／どうだ！　あの拍手の嵐は。／幕がまた引きあげられ／おれはにこやかに挨拶しようとする。／ところが　なんと／観客席は消え／おれの眼の前にひろがるものは／いちめんの暗い海。／舞台の岸へ波を打ちかえし／どこまでもざわめいている夜の港」。

清岡卓行は、中国の大連で生まれ、帰国。19歳の頃、「詩集」をつくり、その後は、フランスの高踏派の誰かを研究して、どこかで語学の教師でもやり、生活が安定したら、「自分の主観に誓って美しい女性と結婚すること」、と清岡自身が書いた年譜にある。

最後の吉本隆明の清岡論の、「わたしはこれだけです、わたしはこれだけです」の所にブルーの傍線が引いてあった。これは希林のものでなく、前の所有者の男性のものであろう。

『対談集　岡本太郎 発言！』

岡本 敏子　川崎市岡本太郎美術館 共編

二玄社

40年代から、90年代までの50年間で、岡本太郎は、560回以上の対談をこなした。これほど対談をこなし、その行為自体を〝芸術〟にしてしまった芸術家は、岡本太郎だけだ。この本で太郎の相手をした表現者たちは37名。最後の頁で、太郎と対談ではなく、〝対決〟したのは、ロックンローラー、内田裕也。希林がこの本を保存版に残したのは、裕也がでているからではなく、どの対談でも爆発する太郎の〝アヴァンギャルド魂〟に魅了されたからであろう。

その証拠として、この本のなかで、一ヵ所だけに希林が、傍線を引いたところ。

55年の「前衛芸術の旗手」対談。出席者は岡本太郎、花田清輝（文学者）、勅使河原蒼風。太郎の発言、「（略）やっつけられるやつというのは、やっつけられるというカテゴリーに初めからできている人間で、やっつけられないカテゴリーというのはどんなことがあってもやっつけられない。地獄の釜の中で煮られてもやっつけられない。だから二つのカテゴリーの人間を考えなければならぬ。おれは絶対にやっつけられない」。花田の批判に対しての答。

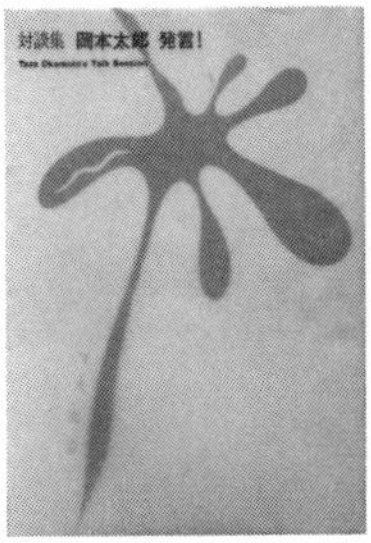

この本に所載された25本の対談の白眉は、「華々しき毒舌」58年。出席者、岡本、棟方志功、勅使河原蒼風、北大路魯山人。棟方は、日本を代表する版画家。北大路は、陶芸家、書家、画家、料理研究家。蒼風は、草月流初世家元、前衛いけばなのオピニオン・リーダー。

「北大路　梅原の絵は芸術的に言ってどんな価値があるかということを聞こう。

岡本　芸術なんて、そんなものはないんだ。

北大路　今ある芸で言うんだ。

岡本　おれを除いてはない。梅原龍三郎の芸術は芸術じゃないというんだ。

北大路　君は脱線している（略）。

岡本　梅原なんてだめなんだ。（略）しかし芸術じゃない。

北大路　おれと同じじゃないか。

岡本　おれとつきあっていたら、もう少しいい芸術家になったと思う。　北大路　ならぬ。

岡本　何か趣味性みたいなもの、でもだめだな、あれは奴隷の芸術だよ。（略）梅原の作品というものは（略）今までにあったものを受取っているだろう、だからだめなんだ。

北大路　僕が常ひごろ梅原に言っている非難をちっとも出ない。常識なんか外れていない。

岡本　理屈はわかるが、おれの絵はわからない。センスというものはこれ以上は死ななければわからない」。（真剣勝負の気配がある。梅原龍三郎は、当時の代表的洋画家）。

太郎と内田裕也の対談。タイトルがいい。「生きることは爆発だっ！」。

内田「岡本さんの生き方を見てますと、作品を創るだけがアーティストではなく、生き方そのものがアートだとおっしゃってるんですね」。岡本「そう。（略）僕は、人に好かれることをしないってのを前提にしてる」。太郎の本質を、ズバリ言いきる裕也の直観力の鋭さ。

『その映画に墓はない』

―松田優作、金子正次、内田裕也、そして北野武―

世良 利和

吉備人出版

映画というものは、不思議なものだ。何百万人に見られた映画でも、そのワンシーン、役者、音楽などのひとカケラを、完全に自分ひとりだけの宝物にすることができるというところがある。

この本は、松田優作、金子正次、内田裕也、北野武たちが出演、監督した映画だけを、私情たっぷりに評した本だ。そこでは、四人のプライベートな面は、いっさい無視され、ただただスクリーン上のシーンだけが論じられる。著者の世良利和は、映画評論家でもないし、4人と面識があったわけでもない。

世良は、「四人は、いずれも個人的に思い入れの深い俳優や監督たちばかりだ」と書きはじめる。80、90年代に発表された4人のこれらの映画は、いずれも大ヒットしたものでなく、万力のように個人を絞めつける日本の社会経済体制が、徐々に確立されていくなかで、個性的に生きる暴力的なハミダシ者の生態を描いている。

希林が、この本を大切に書棚に入れておいたのは、内田裕也の出演・主宰する映画に関し

ての本格的評論集だったせいだろう。70年代、裕也は、ロックという新しい波に乗りキケンな生気をみなぎらせていたが、80、90年代は、いまだロックロックと騒いでいる中年のヘンなおじさんと社会からみられていた。

神代辰巳監督「嗚呼！　おんなたち　猥歌」の裕也について「わがままでいつもトラブルばかり引き起こしているその主人公を、内田裕也が演じるというのも他には考えられないくらい絶妙の配役だろう。（略）しかしながらロック＝反抗という図式が成立すると、その反抗すら商品化してしまうのが音楽産業でもある。そうした場所に否応なく関わってきた内田の自分自身に対するまなざしが、この映画では「餌食」のようなきれいごとへとは向かわず、ひたすら主人公の内面をえぐり出すことに向けられている」と評される。それは、「ジョージは周りを傷つけることでしか、自分を傷つけることができないだけだ。あるいは性と暴力という、暗くて後ろめたい場所でしか自分を確かめることができないのだ。そうしたジョージのどうしようもなさが、内田自身のずるさや卑小さや傷つきやすさへと等身大の感覚で受け止められている」。

だから名演技というものでなく、地方のちいさな映画館でひとりみる映画ファンのこころに、しっかりと棲みついてしまう演技になる、という。

世良は、こうも評する。あれほど実生活を嫌った裕也を「生活の卑小な局面で自己を追いつめるジョージのやりきれなさ以降、内田裕也はその歪んだ無表情をそのままに、80年代の前半を誰の追走も許さないほど怒涛の勢いで走り抜けることになる」。

裕也は、演技だけで、存在感だけで日本映画界に、ひとつの時代をつくりだした。希林は、その凄さを理解していただろうが、大衆、評論家たちは、気づかなかった。

『「あのころ」の日本映画がみたい！』

立花珠樹

彩流社

著者、立花珠樹は、サブタイトルに、「DVDで発見する時代と世代を超えた名作101」とつけた。選択基準は、「基本的には、公開時あるいは名画座などでの再上映時に映画館で観て感動し、かつ現在DVDで観られる作品を取り上げる」。

希林は、目次の、映画タイトルの上に、ピンクの傍線とチョン印をつけた。

傍線は4本。最初は、『中国の鳥人』（三池崇史監督98年）。立花の解説文。「映画はしょせん作り話。そう言ってしまえば身もふたもないが、実は作り話だからこそ、すてきなのではないだろうか。（略）三池監督の過激で荒唐無稽な持ち味と、椎名誠の原作が絶妙の化学反応を起こしたのだろうか。〝男のロマン〟と自己陶酔しないのもいい」。主演は、内田家の立派な〝ムコ殿〟本木雅弘。

傍線2本目。『シコふんじゃった』（周防正行監督92年）。立花「見ていて笑いが止まらなくなる。笑い過ぎて涙がでる。（略）月日が流れ、周防監督は『Shall we ダンス?』で、モックン（本木雅弘）は『おくりびと』で、それぞれ米国で認められるビッグな存在となっ

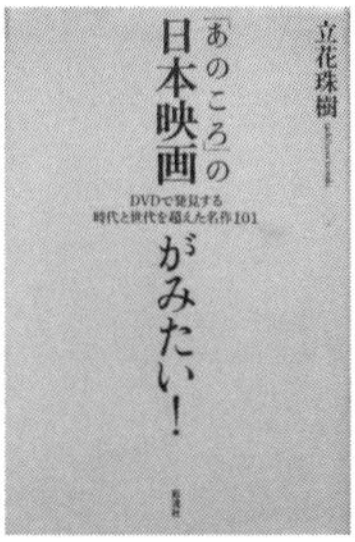

た。大輪を咲かせる二人の才能が、『シコふんじゃった』には、いっぱい詰まっている」。主演は、本木雅弘。

傍線3本目。『コミック雑誌なんかいらない!』(滝田洋二郎監督86年)。「主人公はテレビのワイドショーの突撃リポーター、木滑(内田裕也)。〝恐縮です〟と言いながら、ずかずかと現場に踏み込んで、嫌がる相手にマイクを突きつける。(略)報道陣の詰め掛けるマンションで社長を殺害する犯人を演じるビートたけしの凶暴な演技も、迫力満点だ」。希林の〝重し〟の夫、内田裕也の主演。脚本も裕也。裕也は、この映画で、世界的映画人となった。

傍線4本目。『十階のモスキート』(崔洋一監督83年)』。立花「『十階のモスキート』は、破滅する男の物語である。(略)甘ったれで、同情すべきところは全くない。だが、そう言った瞬間、背筋がぞくっとする。一歩踏み間違えれば、自分も……」。主演・脚本、内田裕也。

ハート型のピンクのチョン印は、3個。そのひとつ目。『転校生』(大林宣彦監督82年)。立花「思春期の感情が、甘酸っぱくよみがえる」。出演者名のところに、樹木希林とある。

チョン印2つ目。『ツィゴイネルワイゼン』(鈴木清順監督80年)。立花「そうした甘美な夢のような世界に、連れていってくれる映画だ」。この本の出演者のところに、希林の名はないがチェックしてみると、〝チョイ演〟。チョン印3つ目。『神様のくれた赤ん坊』(前田陽一監督79年)。これも、希林の名はない。〝チョイ演〟だった。

希林は、橋本麻里とのインタビューで、「私自身は、『チョイ演女優』というフレーズをすごく気に入って肩書きにも使っているように、自由に、無責任に演じられるチョイ役の方がいいんです」(『「家族」を探して』より)。

『愛しきテレビマンたち』

田川一郎

創樹社

テレビが生放送だった創世記から、「アフタヌーンショー」のディレクター、プロデューサーをつとめた田川一郎の回顧本。

近年、元気がなくなったといわれるテレビ界だが、その原因を、同業友人たちと真剣に語る。いろいろあるが、「テレビ界からなくなったものに〝コント作家〟があります」そうすると、シャレた音楽番組ができなくなると。「シャボン玉ホリデー」、「夢であいましょう」、「8時だョ！　全員集合」。大人も子どもも一緒に、楽しくみられた。

フィルムからビデオ撮影に変化したので、映像制作に緊張感がなくなった。友人のコント作家、大倉徹也は、「テレビ論なんかまるでやらなくなった。語るのは、企画をいかにして通すかという戦略論だけです」。

テレビの笑いの質が変わり、「テレビの中に存在する者が優位性を誇り、他人をバカにしたり軽蔑したりする笑いになったような気がします」とも。

しかし著者、田川の時代には、シンのある本物のタレントと番組もプライベートも気持ち

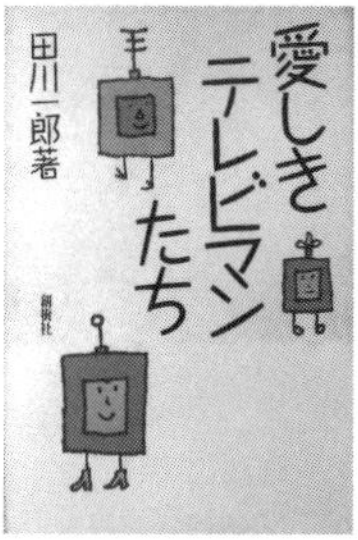

よく仕事ができた、と。たとえば、黒柳徹子、宮城まり子、川崎敬三、樹木希林……。

昭和61年「希林、子きりんエジプトを往く」も田川が担当した。子きりん、こと也哉子は、まだ小学4年生だった。

高さ146メートルのピラミッドの頂上に、希林も、也哉子も、田川も登った。熱い太陽光のもと、約2時間かかった。当初は、田川が、也哉子の世話をするはずだったが、いざ登り始めると、自分のことで精一杯で、也哉子がどんな状況にあるか忘れてしまった。それでも、10歳の女のコは、独力で、頂上にたった、という。

希林も、あぶないから、頂上に登るのはやめなさい、と普通の親のようにいわず、也哉子の自主性にまかせた。

次の仕事は、平成2年「紅花ロマン～化粧のルーツはシルクロードにあった～」。紅花のルーツはナイル上流にあった。エジプトのミイラは紅花で染めた布で包まれていた。そして紅花はシルクロードを通って山形に流れついた。その道中の会話で、希林は、「（自分が）役作りで衣裳を考える時、どこかに赤を取り入れることを考える。役柄が成功するかしないかは、衣裳選びで、その八割が決まる」といった。さらに「それは帯の時もあるし、着物の裏地に赤を使いチラリと見せる場合もある。赤は役を引立てる効果がある」と持論を展開した。

ピラミッド登頂から、9年。也哉子は、パリの大学1年だったが、本木雅弘と結婚する。也哉子は、招待者リストに、田川の名を書き入れたが、父、裕也がはしゃぎすぎて、招待者を勝手にどんどん増したせいで、田川の名は押しだされた。裕也が、娘の結婚話をはじめて聞いた時の反応は、「あいつ（本木）は、養うことができるのか」だった。式は、60名、一人1万円のコースで挙行された。

『少女の器』

灰谷健次郎

角川文庫

　帯に、「思春期の少女の揺れ動く心をしなやかに描いた長編小説」とある。筆者（椎根）は、年齢も年齢なので、〝思春期の少女〟が主役の小説といえば、石坂洋次郎の『青い山脈』ぐらいしか思いうかばない。その頃は、日本人全員が貧しくて、小説の背景には、その貧しさが広々とひろがっていて、その物語の神経中枢になっていたように思いだす。

灰谷の、この小説のような〝手ごわい〟ものは、まず解説を読む習慣がついてしまった。

　書いていたのは内田也哉子。希林のただひとりの娘。そして、「自慢にもならないが……私は生まれてこのかた、ほとんど本を読んだ覚えがない」とはじまる。この本を手にしたのは「当時私が暮らしていたスイスの寄宿学校の本棚。英語や仏語で書かれた教科書と辞書の間に、まるで場違いと言わんばかりに、その本は紛れ込んでいた。〝一体、誰が何のためにこんな所に?〟心の中で問いかけると同時に、本は私の手の中にあった」と。同時に「運命的な出会いというものに、強烈な魅力を感じてしまう私は、はじめのページを開いたとたん、思わず噴出した。『母と娘』の口げんかは、とてつもなく親しみ深く、当時、母《おや》もとを離れ

ていた思春期の私には、妙に懐かしい場面だった」。

希林は灰谷健次郎の教育論を気に入っていて、友達関係を築いていた。

也哉子の解説にも、彼女が小学生の時に、淡路島に住む灰谷を希林と一緒に訪ねたことがあると記されている。そこでの灰谷は、也哉子と〝同レベル〟で遊んでくれたし、也哉子が、ほかの子供に〝意地悪〟をすると、理想的なたしなめ方（すっとんきょうな関西弁）で、也哉子を納得させた。このあたりは、本書にでてくる、離婚して一人で暮らしている実父と主人公の絣《かすり》の会話に、よく似ている。物わかりがよく、絣をすこしも傷つけない話し方……。絣が一緒に住む実母は、父ほどの個性もなく、流れるままに惰性で生きているようにみえる。

この物語で、一番面白いキャラクターは、関西から転校してきた上野クン。父は極道で、母は、アル中で入院中。上野クンは、〝親は敵〟といってはばからない、が、母を病院に見舞うことは、忘れたことがない。そのうえ、生活費を稼ぐために、親戚のおじさんの仕事（ドカタ）を手伝っている。当時の「思春期」小説でも、貧しさが、チャームポイントになっている。貧しさという背骨がないと、どの時代の思春期ものも、締まりがなくなる。

上野クンは、関西弁で、自分の生活哲学を語る。也哉子にとって、この上野クンは、父、裕也の少年時代を、のぞいているような気持ちになったのかもしれない。貧乏で、どんな環境にあっても、自分の夢を変えたりしなかったロックンロール人生の裕也。

そういう意味では、也哉子は、この『少女の器』で、実父の少年時代には出会えたが、母、希林のようにコトダマを発する女性は一人もでてこない。それは当たり前で、希林のような母親は、世界中探しても、小説の中にも、どこにもいない。

『鉄笛と春曙』

——近代演技のはじまり——

北見 治一

晶文社

ジジとババのいうことは、十にひとつもムダがない、という諺があるが、希林の百冊にも一冊もムダがない。

たとえば、ウィリアム・シェイクスピア作のハムレットを原作に忠実に演じた日本人は誰だったのだろう。その第一号役者がこの本のタイトルにもなった春曙《しゅんしょ》、土肥春曙である。そのハムレットが上演された時に、墓掘りの役を堂々と演じたのが、鉄笛《てってき》、東儀《とうぎ》鉄笛。明治39年。鉄笛は、墓掘りと宰相ポローニアスの二役を演じた。

北見治一は「そもそも日本の近代演劇史は、純粋なアマチュアと、歌舞伎、新派という既成の役者によって、その第一頁がになわれていた。すなわち『素人を役者にする』系統からは、名コンビをうたわれた東儀鉄笛と土肥春曙らがうみだされ、他方『役者を素人（新劇役者）にする』系列からは、二代目市川左団次と、その好敵手だった井上正夫らが台頭した」と書きはじめる。

春曙の「ハムレットは、ヴァリエーションに富む美声の台詞まわしに端麗な動き。それと

深い知性によって裏打ちされて」いて、「春曙は役を知的に操作した」と、北見は記した。

春曙も、「白《せりふ》は人物を表現する唯一の符標《シンボル》にしてまた脚本の生命なり、脚本の生命たると同時に演技の生命に御座候」と書き残している。春曙は故郷の熊本を出て、神田の私立成立学舎に入学する。この学校には、坪内逍遥が、週3回教えにきていた。

東儀鉄笛は京都の生まれ。鉄笛の家は、千年以上もつづく楽家（雅楽）で、先祖は聖徳太子に書道を教えていたという名門。

「現在、宮内庁に保管された東儀鉄笛の、雅楽師としての履歴書には、その第一ページに『明治十二年九月八日　四等伶員申付候事　式部寮』と記載されている」と北見は調べた。しかし雅楽師の俸給は安く、鉄笛は、宮内庁を退職。西洋音楽も学んでいたので、早稲田大学校歌「都の西北」を作曲した。

明治39年、坪内逍遥など、早稲田派の文士が中心となって文芸協会が発足。春曙と鉄笛は、ここで会う。そこで坪内逍遥翻訳の「ヴェニスの商人」が上演され、鉄笛のシャイロック、春曙のポーシャは、満場の大喝采を博した。それ以降、日本の新劇界はさまざまな思惑と熱情にふりまわされ、あるときは発展あるときは停滞しながら、現在をむかえている。

49年に文学座に入座した北見治一は、歴史に埋もれた鉄笛、春曙を〝新劇界の最初の大スター〟として、復活させた。樹木希林は、新劇をめざして文学座の研究生になる。しかしテレビ界、CM界の豊かさ、新しさに魅力を感じて、23歳で文学座を退団。この本の献辞に、「イジワルばあちゃん　樹木希林様　北見治一」とある。大正9年生まれの大ヴェテラン俳優の北見から〝イジワルばあちゃん〟と呼ばれた希林は、TVドラマの「ムー一族」に出演中。35歳だった。

『現代の職人』

石山 修武　藤塚 光政 写真

晶文社

石山修武は、現役の建築家である。建物をつくる建築家なのだから、まわりにヘソ曲がりの権化みたいな職人が、ゾロゾロいるかと思ったが、最近は、どうもそうでないらしい。今は、工場でつくられる既製品をバタバタ組み合わせるうちに一軒できあがってしまうそうだ。そこで、石山は、〝本物の現代の職人〟さがしの武者修行にでかける。その武者修行振りは雑誌「室内」に85年から6年間連載された。「便宜上さまざまに呼ばれていても、その仕事にどこか一点『職人』と呼ばざるをえないキラメキがあれば、それは職人だ」という定義でというか曲尺《かねじゃく》を持って……。

だから樹木希林も、現代の職人になってしまう。〝ステージの上の職人たち〟というジャンルで。このジャンルでは、他に、吉原すみれ（打楽器奏者）、ワダエミ（衣裳デザイナー）、高平哲郎（放送作家）が登場。

石山は、出会いがしら風に、希林に尋ねる。「職人って呼ばれるのと、芸術家って呼ばれるのと、どちらが嬉しいんですか?」希林「芸術家ネエ。あるんですかネエ。アタシなんか

は職人って呼んでもらえる範疇に入らないで、ただ怠惰にその辺りにいるだけだけど……ただ職人ってのは名が出にくい、モノが評価されることがあっても人が評価されないところがありますね」。石山の感想「こちらの底意を見抜いた科白《せりふ》を用意してくる。これは手強い」。希林「自分の感じでは、案外芸術家になるのは手管《てくだ》みたいなものでなれるような気がする。その点、職人に徹している人っていうのは、自分をどう評価して欲しいってことが前に出ない。モノが自分の手から離れたら、それはそれでおわり、そこがすがすがしい」。石山「ウーン。これはどうやら観察されてるな」。希林「怠惰な役者なんだけれど、強いて職人として練習しているとすれば観察する眼をみがいているのかも知れない」。さらに希林は「平均的っていう意味じゃなくって、当たり前のところに、生活を基盤にしながら身を置いて、何でもない〝凡〟な個性になること」が望みなんだという。石山の総評「驚くべき気配りと、観察眼を兼ね備えた才能である」と。

60名の〝現代の職人〟を紹介している。でも、石山が、菅原正二（「ベイシー」店主）のところの前文に記しているように、「当然の事ながら未来へ向けて群れて走っている人たちよりも、例え敗者に見えようとも孤立している人間の方が面白い。最初よりも最後が面白い時代だ」と。

そうすると、〝家づくり〟の伴野一六の生き様が光ってくる。近所の海辺に流れ着いた木片貝から、自動車のフロントガラスなどのガラクタを集めて、自分ひとりの力仕事で、自分の家を建て、住みながら、8年もたってまだ未完成という〝暮らしながら〟なにかを進行中という状態には、自然と慈味がでる。そして材料置き場みたいだった近所の海は埋めたてられて、消えてしまった、と。こういう本当の悲哀が、職人には、生じる。

『電信柱の陰から見てるタイプの企画術』

福里真一

宣伝会議

著者、福里真一の本職は、CMプランナー。ヒットCM「フジカラーのお店」、「宇宙人ジョーンズ」をつくった人、といっても顔はCMにはでていないので、ピンとこないヒトなんですが、最近は日曜日の「笑点」のあとに、時々でてくるので、30人にひとりくらいは、アッ、フクサトだ、といわれているかもしれません。あくまで推測ですが……。

CMフイルムの芥川賞（?）といわれるACC賞をもう何度もとっている名プランナーだ、そうです。でもCM制作の世界って、一番チカラとか、主導権をにぎっている役職ってなんなんでしょうね。この本によれば、クリエイティブディレクターとか、コピーライター、プランナー、タントウエイギョーってシゴトの人も、からんでいるようですし、一番エライのは、説明するまでもなく、お金を出す企業（クライアント?）のヒトなんでしょうけども……。「フジカラーのお店」の最初のディレクターは川崎徹。希林も最初から出演。約40年も前のこと。最初にオンエアーされたのは、女店員が、「美しい方は、より美しく、そうでない方は……」。希林「そうでない方は?」、女店員「はい、それなりに……」。この会話が40年間、

同じだった。つまり型ができ、文化になった。

希林の話によると、最初に川崎が書いたセリフは、女店員「そうでない方も、美しく……」だったらしい。その撮影現場で、いつもひと言ある希林が、「それじゃ、つまんないでしょう」とクレームをつけたので、現場がゴチャゴチャしているうちに、希林のアイディアで、「(そうでない方も)それなりに……」に決定した、という。

そうすると、希林が、突如プランナーの役、あるいはコピーライターの役を、やってしまった、ともいえる。この本では、川崎と希林の「フジカラーのお店」の、そのへんのところを、くわしく説明してあるか、と思って読んでいたが、そこは、なにも書いてなかった。福里が担当したバージョンでは、「〝超〟それなりに……」になった。

まあ、現場での〝変更〟というのは、よくあることなのかもしれないが、ダレのチカラで、そうなっていくのか、そこのところをフクサトさんに、と、ないものネダリをしたい。

希林の〝現場力〟というのは、セリフ＝言葉で発揮される。現場で、何人ものクリエーターたちや、出演者が勝手なことを言いだしはじめたときに、希林の〝言《こと》別《わ》け〟、つまり場で一番強いコトバをうみだす力は、CM制作現場でも、圧倒的パワーを持っていたのだろう。

TVCMではなかったが、伊藤忠の新聞企業広告では、「雪と欲は、積るほど道を忘れる」が、メインコピーだった。その言葉は、希林が、かって読んだ本にでていた田舎のオバチャンの言葉を、クリエイティブディレクターとの打ち合わせの時に、希林がいいだし、それが決定版コピーとなった。これも、希林の〝言別け〟の力といってよい。

〝言別け〟というのはコトダマをよびこみやすい。ゴチャゴチャしているところから、スッと出現する。

『ニュース一人旅』

徳岡　孝夫

清流出版

樹木希林という人は、つくづく〝バランス感覚〟がよかったに、ちがいない。

この本は、徳岡孝夫が、月刊「清流」に、98年5月号から08年5月号に掲載した「ニュースを聞いて立ち止まり……」から一部を抜粋し改題したもの。

その小見出しの一部を抜粋すると、「恥知らずの日本人」、「過激性教育者の正体」、「帰宅難民より治安が心配」、「不可解な『朝日』」、「日本人はなぜ怒らないのだ」、「子供の人権？ふざけるな！」、「学問に男女平等はなじまない」、「変質者を隠すな」、「被害者の人権も考えろ！」などなど。

この小見出しをザッと読むと、ごもっとも、ごもっとも、という気持ちになる。

希林を、バランス感覚がよかった、というのは、徳岡と正反対の生き方をし、職業革命家と自称したルポライター竹中労に、心情的に、あるいは物資的に肩入れしていたからだ。

竹中は、その言動により、新聞・雑誌・TV放送からレッドカードを出され、それらマスコミで仕事ができなかった。

徳岡孝夫は、フルブライト留学生に選ばれ、帰国後は、毎日新聞社会部、「サンデー毎日」で働き、第34回菊池寛賞受賞、第44回日本推理作家協会賞、『五衰の人―三島由紀夫私記』で新潮学芸賞受賞と、大マスコミの表舞台で、その才能を充分に発揮してきた元新聞記者。三島由紀夫が切腹した当日、三島に、自分たちの行動趣意書＝檄を、手渡されたふたりの記者のひとりが徳岡だった。そのくらい、三島の、徳岡に対する信頼は篤かった。

希林は、この本の見返しに、毛筆で「平成二十年十月一日　保存版」とマジメな書体で記した。

徳岡が単純な嫌韓嫌中の報道人でないことは、よくわかるが、読後、ゴロッとしたものが気持ちに残るのは、なぜなのだろう。それは希林が赤い傍線を引いたところを読んでわかった。徳岡は、「ニュースについて、ズバリとかズバッとか結論を出すのは至難のことだ。（略）読者は、どうか忘れないで下さい。ニュースとは面白くないもの、うんざりするもの、切れ味の悪いものです。なぜなら、現実がそうだからです」。徳岡は、そう記しながら、北朝鮮に関しては、ズバリと、「ナラズ者国家」と書いたり、中国についても「きみたちはナラズ者の味方か」と。希林のバランス感覚が赤線をひかせた。北朝鮮とは、拉致被害者を日本にかえしてもらうという外交交渉が継続中だし、中国とは経済的に超密接な関係を持っている。その相手国をののしったところで、交渉が進むわけではない。外交はバランスである。

筆者（椎根）は、希林と話をする時は、こういう時事的話題は意識的にさけた。しかし、希林は、小中学生の自殺問題に関しては、ひっそりと、手弁当で、その予防・防止を訴える運動に協力を惜しまなかった。

『平凡パンチの三島由紀夫』

椎根 和

新潮社

本書は、07年に出版された。筆者（椎根）の妻がTVドラマ「ムー」、「ムー一族」に〝ブスのタケちゃん〟役で出演し、それがきっかけで、樹木希林と友人関係になった。それで、妻は、この本を希林に贈った。しばらくして希林から電話がかかってきた。

その時に、「希林さんは、三島由紀夫に会ったことは、ありますか」と筆者は聞いた。答は、「会った、というより〝見かけた〟というのが、正しいでしょう」。希林が文学座附属演劇研究所第一期生になったばかりの時だった。その61年に、三島の戯曲「十日の菊」を文学座が公演した。演出は松浦竹夫。出演者は杉村春子、中村伸郎、岸田今日子。

文学座の企画参与になっていた三島は、しばしば舞台稽古を見にきていた。その姿を、希林は〝見かけた〟と表現した。印象は？　という問いには、「そんなにスゴイヒトという印象ではなかった」。

希林は当時、演劇界を席巻していたブレヒト、ベケットの方に興味をひかれていたので、三島が、突如、狂ったように美的天皇主義を宣言したような「憂国」、「十日の菊」を発表し

ていたため、へんな右翼のヒト、と感じていたのかもしれない。数年後、同じ新劇女優の日色ともゑが、三島がテレビに自衛隊の制服を着て出演した姿を見て、「あれを見てると、イヤーな気がします。ああいうのは生理的にイヤですね」という発言が話題になった。希林も、そのように感じていたのだと思う。

その長電話で、『平凡パンチの三島由紀夫』を読んで2つの事を著者の椎根さんに聞きたい、と希林はいった。筆者は、その答を手紙で返答した。

ひとつ目は、本書のなかで、椎根が68年に南平台に新築分譲マンションを４５０万円で買った、と書いてあったが、どのマンションか、と聞かれたので、岸信介元首相の大邸宅を秀和レジデンスが買い取り、そこに建てたのだ、と。筆者は、楯の会の巨額の費用を三島が自己負担していたので、それをわかってもらうための目安として、４５０万という数字を入れた。たった一行の不動産話に、そこまで興味を持つ、というのは、希林は本当に不動産情報が好きなのだ、と感じた。07年の時点で希林は南平台に住んでいた。

ふたつ目は、三島の辞世の歌が「忠臣蔵」の浅野内匠頭の辞世、「風さそう花よりもなほ我はまた春の名残りをいかにとやせん」の本歌取りという説があった、と記している部分に、「とやせん」でなく、正しくは「とかせん」ではないのか、という指摘であった。筆者は、手紙に、切腹に立ちあった人から、また聞きで記された辞世なので、どちらが正しいともいえない。内匠頭、直筆の辞世は残っていない。現在はどちらも、正しいことになっています、と書いた。

希林の保存版の『平凡パンチの三島由紀夫』に、私の書いた手紙が、そのままはさみこまれていた。まるで、死後に、椎根が読むであろう、と予測していたかのように。

『奔馬』

――豊饒の海（二）

三島 由紀夫

新潮文庫

十数年前、希林に、こう聞かれた。筆者（椎根）が三島担当の編集者だったとわかった時に、「三島のなかで、一冊を選ぶとすれば、どれ？」。素直に、『奔馬』かなと答えた。百冊の保存版に、それが入っていた。三島本は、文庫版のこれ一冊だけだった。

希林は、文学座の研究生だったときに、スーパースターになりつつある三島に会っている。文学座主催のパーティに三島も出席して、モンキーダンスを若い女優たちと踊った。筆者が、三島と話をしたのか？ と尋ねると、「話はしなかった」。

希林にとって、大作家の素顔をみたのは、彼女の人生で、はじめての経験だったろう。しかし、三島ファンでなかった希林は、あまり印象に残っていない、といった。

『奔馬』は、三島にとって畢生《ひっせい》の大作『豊饒の海』の第2巻。この4部作の『豊饒の海』は、輪廻転生が主題になっている。仏教の、霊魂が生死を限りなくくり返すという考え方を借用し、1巻から4巻まで主人公が、かわっていく。

『奔馬』の主人公は、剣道をきわめようとする飯沼勲少年。彼はテロリストになって、政財

界の重鎮暗殺を計画する。最初の計画は、父の密告によって失敗するが、軽い刑期を終え、今度は自分ひとりで、要人の暗殺にむかい、ひと言「伊勢神宮で犯した不敬の神罰を受けろ」と短刀を深々と相手の体に突き刺す。

そして、熱海の海に面した崖の一隅に正座し切腹する。『奔馬』の最後の一行。「正に刀を腹へ突き立てた瞬間、日輪は瞼《まぶた》の裏に赫奕《かくやく》と昇った」。この一行は、『奔馬』が発表された時、文壇、一般の三島ファンに、大きな衝撃を与えた。この一行が、『豊饒の海』を代表する言葉となった。発表当時、誰も使用していなかった「赫奕」という言葉は、同業の小説家たちを驚かした。夏目漱石は、すでに「虞美人草」で、読み方はちがうが「赫奕《かくえき》」を使っていた。

この『奔馬』には、サイド・ストーリーとして、明治7年の熊本での、〝神風連の乱〟が、鮮烈な実話として挿入されている。明治政府の欧化政策は、日本の国体を汚すものという考えの武士、約１７０名が、陸軍の熊本鎮台に刀と槍弓だけで夜襲をかけた。１７０名中、何十人かは戦死し、生き残った者は、全員、即、切腹した。

三島は、この神風連の乱を取材し、小説に入れた。そして、自分の最後は、明治7年の神風連のように、自衛隊の総監室に乱入し、そこで切腹する、というアイデアを得た。そしてそれを現実に実行した。

神風連の武士たちは、欧米から入ってきた新技術、電線の下を歩くことを拒否した。鎮台を攻めた時も、洋装でなく、古式豊かな烏帽子《えぼし》直垂《ひたたれ》の姿であった。

希林の夫、裕也は欧米産のロックンロール道に一生を賭けたが、その生きる姿は、自分の着るものにこだわるところなど、一部神風連に似たところもあった。

三島と内田裕也の対談を読んでみたかった。

ポプラ社

『あん』

ドリアン助川

『あん』は、和菓子の餡のこと。そのあんの作り方が上手で、高齢の徳江と、流行らないどら焼き屋の店主兼職人の千太郎が主人公。

徳江が、何度も店におしかけて、ここで働きたい、と千太郎にたのみこむ。

徳江は、接客もやりたいそぶりだったが、笑うと、右頬がひきつった。千太郎は、それが気になり、調理場で、小豆をあんにする作業だけを手伝ってもらえば、いいという。

徳江のあんづくりは、心のこもった作業ぶりだった。徳江のつくるあんは、千太郎のつくったものよりはるかに、おいしいものだった。店は、繁盛しはじめた。客のひとりの中学生のワカナちゃんは、徳江と親しくなる。

ある日、店のオーナーの奥さんがあらわれて、徳江は、らい病ではないか、といいだす。つげ口をした客がいるらしい。そのどら焼き屋からすこし離れたところに、おおきな療養所があった。徳江の書いた住所をチェックすると、どうも療養所のあるところだった。

噂のせいか、店の売り上げが落ちはじめたころ、徳江は、体力も限界にちかいし、店をや

めたい、と申し出る。売り上げが落ちたのは、「私の昔のことが理由だと思うの」という。千太郎は、病気って、ハンセン病？と聞く。徳江は店をやめた。しばらくして、手紙をだしても返事がないので、千太郎とワカナちゃんは療養所へ行く。すると徳江と同じ年齢の森山さんが、あらわれて、徳江の死をつげる。希林は、小説『あん』について、「それで読んでみたら、ひじょうにやわらかで、しなやかな小説で」と。

『あん』は映画化された。希林が主演。監督は、河瀬直美。公開時のインタビューで、希林は、こう語る。「過去にハンセン病に罹患して、療養施設で暮らしている女性の役です。ハンセン病は、伝染性がきわめて低いのに、過去に間違った認識から差別の対象になったのね」（「婦人公論」15年6月9日号）。

希林は撮影の前に、製菓学校で餡のつくり方を学び、療養施設も訪ね、施設で暮らす女性に会い、話を聞いた。河瀬監督については、「本当に面白い映画の撮り方をなさるのね。（略）材料の小豆なんて撮影したらどれも変わらないと思うのに、（略）本物の小豆を北海道だかどこだかに見に行こうと、私を誘うんです。『私、もう行く元気がないから』と、丁重にお断りしましたが」。

徳江の親友、森山さん役を、市原悦子が演じた。はじめての共演で、すっかり意気投合したふたりが、撮影の合い間にベチャクチャおしゃべりしていると、若い河瀬監督が、大女優ふたりを「そんなに、おしゃべりばかりしていないで、チャント、やって下さい」と叱った。希林は、師とあおぐ森繁久彌から、〝日常のなんでもないところ、むしろ悲しいときにフッとおかしいことをする人間というのを教わったのね〟と話したことがある。演技に深みがでる、というのはそうしたものだ。希林はこの演技で、いくつもの主演女優賞を受賞した。

『悲劇の批判』

津野 海太郎

晶文社

60年代後半から、世界でも日本でも、さまざまな分野で新しい運動・活動がみられるようになった。フランスの五月革命、日本の学生運動の高まり……。

芸術では、ウォーホルなどのポップアートが世界的に認知されはじめ、映画界では、フランスのヌーベルヴァーグが、日本にも波及し、大島渚監督の映画が話題をあつめるようになった。ファッションの世界では、フランスのオートクチュールが人気をなくし、安いロンドン・ファッションが若者たちに支持されはじめた。

不動の人気を誇っていた歌謡曲界には、内田裕也が無鉄砲にロックフェスティバルをぶっつけ、日本のファッション界では、三宅一生、山本寛斎が台頭してきた。新劇の世界でも、佐藤信の芝居「あたしのビートルズ」が、それまでの新劇にはない新しい演出で、新鮮なショックを与えた。

著者の津野海太郎は、当時、舞台演出家。津野は、それまでの新劇の中心演目になっていた西欧の演劇、シェークスピア、ベルトルト・ブレヒト、サミュエル・ベケットの戯曲が、

いつも〝悲劇がテーマ〟なのに、すこしウンザリしていた。

悲劇の基準も、日中戦争、第二次世界大戦によってゆらぎはじめ、なにが悲劇なのか、悲劇でないのかが、あいまいになってきた。

本書は、そういう雰囲気を感じていた津野の、過去、現在の演劇にたいする不安、拒否の、おだやかで複雑な感情をあらわしたもの。だから、本書は、演劇と同じように難解である。津野の原稿は、62年から70年までの8年間に書かれたものである。その間に、世間もかわり、津野自身も変わっていった

この本が、出版された70年頃、ブレヒト、ベケットでない、つまり新劇風ではない、アングラ劇団が次々と出現した。

新劇が〝舞台〟でしか演じられないのに、唐十郎の状況劇場は、神社の境内とか倉庫の空き地みたいなところで公演した。寺山修司は、自分で、ちいさな常設舞台をつくり、次々と公演を成功させていた。天井桟敷である。

唐も寺山も、三大新劇団、文学座、俳優座、劇団民藝とは、なんの関係もなかった。唐の状況劇場は、都市インテリ層に人気が高く、澁澤龍彦たちが支援した。

天井桟敷は、全国家出人集合場所のようになり、演ずる役者は、どちらも演劇のトレーニングを受けていない素人ばかりであった。天井桟敷からは、美輪明宏が再生したスターになった。希林が文学座を退団し、夫、岸田森と劇団「六月劇場」を旗揚げしたのは66年、もうTVドラマに出演し、とっくに〝新劇の将来〟に見切りをつけていた。津野も70年までは、六月劇場の演出をしていたが、のちに編集者に転じた。新劇に愛想をつかしたのは希林の方が演出家の津野よりも、すこし早かった。

『門の向うの劇場』

―同時代演劇論―

津野海太郎

白水社

津野海太郎が『悲劇の批判』を出版したのが、70年。この本は、それからたった二年後の72年に上梓された。『悲劇の批判』の時には、希林も所属していた〝六月劇場演出家〟とあったが、『門の向うの劇場』では、ただ「68／71」所属とだけ記されている。希林は、テレビ「時間ですよ」の第2シリーズに出演中。

70～72年に、演劇界では、何が起こり、何が衰退していったのだろうか。

60年代の中頃までは、新劇界は、サミュエル・ベケットの『ゴドーを待ちながら』が主流を占めていた。ベルトルト・ブレヒトの戯曲も、根強く世界的人気をあつめていた。津野も、「ご多分にもれず、このころの私の関心もブレヒトとベケットという二つの焦点を持っていたのである。しかもかれらの仕事については、ほとんどなんの知識も持ちあわせていない。たしか一九五八年の春だったと思う。私の属していた学生劇団でブレヒトの『カラールおかみさんの銃』を研究上演したことがある」。さらに「知識の程度は、長い間『ゴドーを待ちながら』しか翻訳の出なかったベケットについてだって同じようなもので、ましてやその両

者が鋭く交差する地点などというのは、空想に空想を重ねることでしか近づきようがない」と。

新古典ともいうべきベケットの『ゴドーを待ちながら』の主題は、津野の説明を借りるなら、「だれも来るはずがないし、めざましいなにごとも起こらない。もちろんなにもできっこない。われわれの日常生活に浸みついたこうした不能性の意識にとって、作品の中心部についに到来することのない『ゴドー』――」。

ところが、60年代なかばの東京で、その停滞感を打ち破る演劇が生まれ始めた。津野はそれを目撃・体験することになる。そして5つだけを列挙する。

「男　おれだよ。おれが、ほんものの袴垂れだ。（福田善之『袴垂れはどこだ』64年）」

「第二の海尊法師　どなたさまもごめんけぇ。いまわすの名を呼ばって下されたで推参ながら門をばくぐり申すた。（略）（秋元松代『常陸坊海尊』64年）」。

「小春　いまだ！　夢なんかじゃありゃしない。黄色い大きなオウムが肩にとまっている。（略）（唐十郎『ジョン・シルバー』65年）」。

「女　お母さま、やっとお会いできたのです。ずい分、歩いたのです。（略）（別役実『マッチ売りの少女』67年）」。

「マッカートニー　今晩は。レノン　ビートルズです。ぼくたち。（佐藤信『あたしのビートルズ』67年）」。

津野は、「私は、来るはずのない者がやって来て扉を開く、奇蹟的ともいうべき到来の瞬間をいくつかたてつづけに目撃した」。

希林は、そういう波を予感して、TV世界へ、戦場をうつしていた。

『長谷川四郎作品集』
──第1巻

長谷川　四郎

晶文社

希林の百冊で、一番多かったのは、長谷川四郎の本。6冊あった。この『1　長谷川四郎作品集』は、彼のはじめての全集の第1巻として刊行された。希林の保存版には、2と3も残されていた。この〝1〟は、66年発行。希林が、文学座を退団して、ブレヒトなどの前衛劇をやりたいと思って「六月劇場」を岸田森らと旗揚げしたのと同じ年。

四郎は、昭和20年暮れから、昭和25年までの5年間、シベリヤ各地のソ連の捕虜収容所で暮らした。その生活は、いつも死と隣りあわせのような過酷な体験だった。四郎は昭和12年から満洲に渡り、昭和19年に現地召集され、ソ満国境監視哨勤務となって、ソ連の参戦とともに捕虜となった。帰国後、昭和27年から、その捕虜体験を雑誌に発表しはじめた。この本には、満洲時代と捕虜生活の約13年間の生活をもとに、書かれた小説18編がおさめられている。

いわゆる戦争文学といわれるものであるが、四郎のこれらの短編は、すこしも戦争文学らしくない。残虐なシーンもなく、あの凶悪なソ連軍の監視兵も、親切ではないが、静かな物

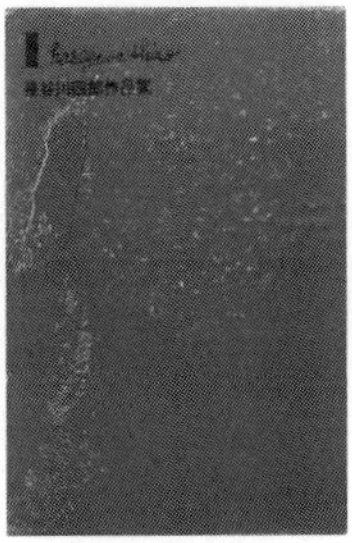

腰である。

四郎の小説には、もちろん死はでてくるが、それほど大袈裟ではない。収容所に発疹チフスが流行り、「死は私たちがめいめい持っていることだけは確かだった。（略）実際、未知の順番に従って私たちは次々と死んだ。（略）だが私たちは死を少しずつ距離を置いて考えるようになり、だんだんと生活の秩序が確立されていった」と記す。あるいは、「（収容所は）その頃は、まだ有史以前で、生と死があんまりはっきりしていなかった。私たちのいる所が、そのまま死体置場となっていて」と、まるで東北地方のひなびた温泉宿で長逗留をきめこんだ湯治客のような感想をのべる。

四郎の小説では、人間の身のまわりにあるすべてのもの、たとえば死、飢え、食事、対戦車自爆器、軍隊、役所、命令、収容所、棚、逃亡、規則などは、すべて重力がなくなって、フワフワと空中に浮いているように感じさせる。まるでシャガールの絵のように、それらのものが、小説という空間にプカプカとただよっている。

これほど悲惨な生活・体験を、これほど、中世ヨーロッパの牧歌的生活ニュアンスで書かれた戦争文学はない。そこに、日本人ばなれのした暗いユーモアが、薬味としてまぶされていたとしても……。

希林は、生も死も、その他の人間が重要だと思いこんでいることも、同質・同等の、そこらへんにあるものとして描いた四郎の世界に魅せられたのかもしれない。それは、仏教の教えと似ているところがあったかもしれないが、四郎は、宗教などというものより、〝不条理〟こそ人間社会だ、という戯曲家ブレヒトのような感性を生まれつき持っていた。

『長谷川四郎作品集』

——第2巻

長谷川　四郎

晶文社

この作品集＝全集の第1巻は、長谷川四郎がシベリヤのソ連軍の捕虜収容所で暮らした五年間の体験をもとに書いた小説で構成されていた。

本書は、その作品集の第2巻である。ここでは、四郎が帰国した昭和25年以降の日本での生活体験から書いた小説17編でまとめられている。当時の、敗戦から5年たった日本は、まだ貧しさと、どういう国になるのか、どんな生活が待っているのかという不安が、未分化の時代だった。共産主義者が政権を握るのではないかと恐れる保守派の政治家もいた。

そういう時代の雰囲気のなかで、四郎だけが、独自の主人公を紡ぎだしていた。解説で荒正人が、「この作者の扱う世界は、大きい人ではなく、小さな人から成り立っている。徹底的に小さい人から」と記している。

国とか会社、思想、権威といったものに生理的に背をむけて、根なし草のようにその日暮らしをする人たちが主人公である。世捨て人のようでもあり、隠者のようでもあるが、そのカラダには、外からは見えない、うかがいしれない、強じんな精神、詩的なチカラを持って

いるような人たちである。

こういうキャラクターは、四郎以外は、つくりだせなかった。希林が、四郎の小説を愛読した60年代後半になると、日本人の大半は、そういう貧しさを忘れ、会社とか組織に依存し、バブル期まで浮かれたのである。

本書の「阿久正の話」という小説は、平凡な会社員で妻帯者。立身出世を望まず、偏屈者で、それでよしという人生を送る男の短い人生を描いている。彼が、人生でなしとげたことは、自分で設計し、ひとりで、わずか2週間で、ただ一部屋の家をつくったことである。その姿は、８００年前の、方丈記の鴨長明を思いださせるが、長明ほど文学的ではないし厭世的でもない。彼は27歳で自動車にはねられて、アッサリ死ぬ。

そういうところが、妙に古代的でかつ現代的で、最近人気のあるＴＶ番組「ポツンと一軒家」「こんなところに日本人」という企画と、通底するものがある。

希林も、この戦後の混乱期に書かれた小説に、なにか〝現代的な感覚〟を感じて、6冊も保存版にしたのだろう。お釈迦さまの最終的な教えも、身軽になって、貧しい生活をするということだった。希林の場合は、心を浄化し、人生を畳んでいくことを心掛けた。

四郎の作品は、主に左翼系の雑誌「近代文学」に発表されたが、日本の経済成長がはじまり、人々が豊かな日本という幻想をいだくようになると、あまり注目されなくなった。長谷川四郎をとりあげるメディアも少なくなり、忘れられた存在になった。

しかし、荒正人は、「長谷川四郎は、最も純粋な意味で、柔らかな詩人である。（略）散文と韻文が微妙な調和を保っている」と評価した。現在の日本は、〝微妙な調和〟を理解できないほど金持ちになった。

『長谷川四郎作品集』

——第3巻

長谷川　四郎

晶文社

本書におさめられた長谷川四郎の「ベルリン一九六〇」を読むと、人間は一度くらいシベリヤの捕虜収容所で、5年間、冷たい空気を吸い続けると、四郎のような、真の意味での国際人感覚が身につくのだろうと思う。

「ベルリン一九六〇」は、7つの小説群からなっている。四郎は50年、シベリヤから帰国したので、わずか10年後には、ベルリンに滞在していたことになる。それも海外渡航が自由でなかった時代に。当時のドイツは、東ドイツと西ドイツの二国に分けられ、前の首都ベルリンも、東ベルリンと西ベルリンに分けられ、住民はどちらに住んでも、政治的経済的に複雑な立場に追い込まれていた。

四郎の見事な国際人感覚を、「ベルリン一九六〇」から拾う。

西ベルリンに住むザクス夫人に、あなたはなぜ薬局に行かないのか？　と尋ねられる。四郎らしい日本人の答。必要な薬は日本からもってきた、と。どんな薬？　とまたザクス夫人。四郎は熊のレバーでつくった胃の薬などという。胆ノウのことをドイツ語でなんと言うのか

知らなかったので、レバーと言った。熊胆《くまのい》の包み紙をみせると、そこに描かれている熊の親子の姿をみて、夫人は可哀想にという。熊はベルリン市の紋章だから、熊に対して、特別の好感情を持っていたが、探求心の強いドイツ夫人は、その薬を、ちょっとなめる。すぐペッペッとはきだし、気分が悪くなった、という。

四郎の、心理分析は、薬草研究家であるザクス夫人は、有機物から直接とった薬に興味を持ったのだ、と。

四郎は、資本主義共産主義などという大上段のハナシは、いっさいしないで、多分、越中富山の熊胆で、ベルリン事情も、根なし草のザクス夫人のことも、日本の庶民の暮らしも、わからせてしまう。こういうのを真の国際感覚の鋭いヒトの小説という。

希林も、死の2年前に、仏国のカトリーヌ・ドヌーブという女優と対談したが、希林は、相手を過度に誉めたたえる様な態度もとらず、自分を卑下したり、教えをこうといったわかりきった質問もせず、たんたんと、隣りのオバチャンと話すような、いつもの姿勢で終始した。最後には、ドヌーブの方が、なんか居心地が悪いような顔つきになった。四郎の小説を読んでいると、いつの間にか、国際的センスが身についてしまうことがある。

解説で、佐々木基一は四郎をこう記す。「本当の芸術家というものは、どこか夢のなかで出逢った人物のようなところがある。（略）生身の作者とどんなに親しく交わっても、ますますその姿が夢のなかの人物のように思われてくる、といった種類の芸術家がいる」。希林が、あれほど数々の賞をとったのは、彼女の演技が、「ますますその姿が夢のなかの人物のように思われてくる」と同じように現実離脱と虚構への侵入を、なめらかに行い澄ますことができたせいだ。四郎のコトダマ影響力、おそるべし。

本を呼ぶ希林のコトダマ

椎根 和

ココロとモノの世界をむすぶ橋、精神と物質をむすぶ橋、という難題にもっとも必要なものは、シンクロニシティ（共時性）だ、と考えた大心理学者と天才物理学者がいました。

ひとりはユング心理学をうちたてたカール・ユング。もうひとりは、若き天才物理学者ヴォルフガング・パウリ。パウリは45年のノーベル物理学賞受賞者。

ふたりが協力しあって見つけだしたのが、「ココロと物質は、ひとつの共通の秩序からあらわれてくるものだ」という考え方です。肉体・カラダも物質からできています。人は死後、あられもなく物質に戻ります。

ふたりは、シンクロニシティ現象を、「因果的には無関係でありながら、おなじ、あるいは似かよった意味をもっている。ふたつあるいはそれ以上のできごとの、時間的一致」、もうひとつは「非因果的な、複数の事件の平行的生起（パラレリズム）」。

それらは宇宙の底によこたわるさまざまなパターンから生じるもの、と定義します。

しかしパウリの早死により、その考え方・研究は未完のまま残されました。（『シンクロニシティ』F・D・ピート著、管啓次郎訳、朝日出版社）。

樹木希林と養老孟司が、はじめて会った時のことを、養老先生はある本に書きとめています。希林は長時間のスタジオ撮影で、疲労してしまい、待ち時間にソファに横たわっていました。そこへ先生がやってきて会話がはじまる。希林は、ソファに横たわったまま。

養老先生は、その姿に感動する。〝自然体〟というものは、こういうことか、と。ココロは元気なのに、カラダが弱っている状態でした。カラダは、物質からできていますが、自然なモノともいえます。自然は枯れたり、しおれたりするものです。希林は、その疲れたカラダを、なんの気取りもなく、自然そのままに見せた。それが養老先生を感動させたのです。

希林は、〝ココロとカラダの関係〟に強い関心を持っていました。そのせいか、本屋に行かなくても、自然と、未知の著者から、ココロとカラダ関係の本が送られてきました。

著者たちは、希林が、その問題に深い興味を持っているのではないか、という直感で、本を送ってくるのです。シンクロニシティ現象といってもよいでしょう。そういう本には、希林は数多くの傍線を引きました。

希林の場合は、壮大なスケールで、シンクロニシティが起こります。たとえば、江戸中期の絵師、曾我蕭白の場合です。百冊のなかに蕭白の美術書がありました。

希林はテレビの蕭白特集番組に出演します。多分、資料として蕭白の美術書を渡されます。スタジオには、代表作「群仙図屛風」(六曲一双)が、飾られました。もちろん本物でなく、カラー写真で複写したものを、屛風に貼ったものです。

希林は、その美術書を読みます。すると解説文に、蕭白は、「三浦大輔」の子孫であることを標榜《ひょうぼう》していた、と。

希林はビックリしたことでしょう。希林も自分の祖先は、800年前の武士、「三浦大介義明」ではないか、と漠然と考えていたところがあります。郷土誌のような、桓武天皇からの系図が何十頁も続く本、『三浦大介義明とその一族』も書棚にありました。

スタジオでの撮影が終わり、屛が片づけられようとしていました。希林は、番組スタッフに、それ、どうするの？　と。スタッフは、捨てます、と。希林は、捨てるのなら私が貰っても……。複製の「群仙図屏風」が希林の家に運びこまれました。

しばらくして、希林の孫、玄兎《げんと》クンの、お食い初め式があり、祖父、裕也、希林と玄兎クンの三人で記念写真を撮りました。その背景には、希林の指示で、「群仙図屏風」（左隻）が燦然と引きまわされました。

偶然に出演した美術番組、それによってより深く知った蕭白が、自分の祖先は三浦大輔だ、と言いふらしていたこと。偶然、希林も、自分のルーツをたどれば、三浦大介に、行くのではないかと、ウッスラと感じていたこと。三人目の孫、玄兎クンが、年少でありながら、画家の天稟をみせていること。それも画風が、蕭白にすこし似ていること。

前述したように、ユングはシンクロニシティ現象を「おなじ意味をもつ、ふたつあるいはそれ以上の、因果的には無関係なできごとの同時生起」と説明しましたが、蕭白、希林、三浦大輔、玄兎クンの、事件のような話は、２５０年という時空を超えて、シンクロニシティのストーリーだと思わせます。

そこで大事なのは、いつもココロと言葉をみがいていた希林だからこそ、招きよせたシンクロニシティだ、ということです。

人生には、言うべき時に、言いだせなくて、後で後悔することが、しばしばあります。しかし、希林は最高のタイミングで、どうするの？　と言う鋭い判断力がありました。

余談ながら、ユングとパウリがシンクロニシティを探求していたころ、ふたりのまわりで、よくポルターガイスト（騒霊）現象が起こりました。73年、W・フリードキン監督は、このポルターガイストと悪魔をむすびつけて映画「エクソシスト」をつくります。最高の学者ふたりが、真剣に騒霊解明に取り組んでいた、という話が、ホラー映画製作のきっかけになったのかもしれません。「エクソシスト」は世界中で大ヒットしました。そういう霊が引き起こすものに世界中の人々がひそかに興味を持っていたという事実……。

もうひとつ、もう一冊の話。鎌田東二『超訳古事記』。

鎌田は、稗田阿礼に憑依して、自分が語り部になりきって、〝自分の古事記〟を新しく書きおこしました。須佐之男命《すさのおのみこと》が大蛇を退治して、美しい娘と結ばれます。そして日本初のラブソングをつくりました。

　八雲《やくも》立つ出雲《いずも》八重垣《やえがき》妻籠《つまご》みに
　八重垣《やえがき》作るその八重垣《やえがき》を

鎌田は、その和歌を「愛の言霊《ことだま》」と記しました。この本も、希林の磁力＝コトダマの力によって、百冊の本に、飛びこんできたものです。

あとがき

ひとりの女優が、この世から消えて、1年と6ヵ月が過ぎた。その18ヵ月の間、無数といってよいほどの樹木希林にまつわる本が世の中にあふれた。

娘の也哉子さんは、体を壊さんばかりの気苦労で、もう母に関する本は、このへんで終わりにしようと決心していた。

そこに、私が、希林さんの百冊の蔵書を全部読んで、希林さんが見つけ出した言霊《ことだま》を、読んでみたい、と無理にお願いした。一周忌が終わった直後だった。

也哉子さんは、希林さんと私の交誼を知っていて、やむなく許諾してくれた。

それまで誰にも教えたこともない、見せたこともない、重い引戸のうしろにしまいこまれてあった百冊を借り受け、読みはじめた。

そこには、日本人の心とカラダに関する事柄が、古事記から現代にいたるまでの、それは、本当に血が噴きださんばかりの、真の人間の激情にあふれていた。

夫の本木雅弘氏からは、その超多忙な仕事のなか、それこそ天性の公平無私としか言いようのない態度で、執筆に役に立つようにと、さまざまな資料を提供していただいた。

私は、その厚意に甘えて、希林さんの、ココロのメモ帳ともいうべき雑記帳を、借りて読んだ。本木氏は、あくまで、読むだけですよ、と静かに言われた。

読後、これを、雑記帳の一部を、ぜひ読者の方にも、読んで欲しいので、本書に掲載したいのだが、と無理強いした。

私は卑怯にも、強引に、そうした。本木氏にも、也哉子さんにも、それで多大な迷惑をおかけした。

その上、本木氏と也哉子さんの次男、玄兎君の、天稟あふれる画を、表紙に使用することを許していただいた。

私が、いくら赦をこうても、許されないほどのことであった。

天上の希林さんに、私のことを、「それも人間の業よ、ゴウ」と言っていただくと、すこしは、気持ちが軽くなるのだが……。

令和2年4月

椎根和

椎根 和（しいね・やまと）

1942年2月9日福島県生まれ。早稲田大学卒業。作家。「婦人生活」「平凡パンチ」「anan」編集部勤務、「週刊平凡」「popeye」編集長、「日刊ゲンダイ」「Hanako」「Olive」「COMIC アレ！」「relax」などの創刊編集長として一貫して編集畑を歩く。著書に、『popeye物語』『オーラな人々』『完全版 平凡パンチの三島由紀夫』『フクシマの王子さま』などがある。

希林級決定版“心機”の雑記帳も

希林のコトダマ

樹木希林のコトバと心をみがいた98冊の保存本

2020年4月25日　初版第1刷発行

著者――――椎根和
発行者――――相澤正夫
発行所――――芸術新聞社
〒101-0052
東京都千代田区神田小川町 2-3-12 神田小川町ビル
TEL 03-5280-9081（販売課）
FAX 03-5280-9088
URL http://www.gei-shin.co.jp
印刷・製本――― 中央精版印刷
デザイン――― 美柑和俊＋滝澤彩佳（MIKAN-DESIGN）

ISBN 978-4-87586-585-8 C0095
